Imke Johannson

DekoLiebe 2

Dekoideen für
Mädchen und Jungen
Bastelspaß mit kleineren
und größeren Kindern

Imke Johannson

Deko Liebe 2

Dekoideen für
Mädchen und Jungen
Bastelspaß mit kleineren
und größeren Kindern

Lifestyle by Busse Seewald

Für Finn und Lynn

meine größten mir

anvertrauten Schätze

Konzept, Styling, Texte und Fotos:
Imke Johannson
Design und Fotos:
spoon design, Olaf Johannson, Langgöns
Druck und Verarbeitung:
Druckhaus Heidenreich GmbH, Bünde
Printed in Germany

ISBN 3-512-03297-4
ISBN 978-3-512-03297-4

INHALT

Vorwort

Nachdem in meinem ersten Buch ein Stück von meiner Leidenschaft zum Dekorieren sichtbar geworden ist, freut es mich, jetzt diese Begeisterung für Kinder weitergeben zu können. So haben meine Kinder und ich im letzten Jahr gebastelt wie die Weltmeister.

Nimmt man sich Zeit, für und mit ihnen kreativ zu werden, können unsere Kleinen etwas von unserer Liebe zu ihnen spüren. Es ist nur eine Art, ihnen diese zu zeigen, doch ist es nicht eine besonders Schöne?
Wenn ich die strahlenden Augen, staunende Blicke und das stolze Präsentieren meiner Kinder beobachte, bewegt mich eine innere Freude.

Kommen Sie mit in die Zimmer unserer Kinder und erleben Sie ihren Abenteuerspielplatz Garten. Lassen Sie sich vom Geburtstagskapitel inspirieren, um Ihren Kindern einen unvergesslichen Tag zu bereiten. Entdecken Sie zu allen Jahreszeiten Basteleien für Mädchen und Jungen.

Nutzen Sie Ihre Liebe zum Dekorieren, um Liebe weiterzugeben und genießen Sie die gemeinsame Zeit.

Imke Johannson

Steckt nicht in jedem selbst gemachten
Geschenk auch ein Stück Liebe?

Kommen Sie mit in das
Reich einer kleiner Sonnenprinzessin und in das eines
unbezwingbaren Weltraum-Abenteurers.
Lassen Sie sich davon
inspirieren, wie Sie mit
kleinen und großen
Überraschungen die Augen
Ihrer Kinder zum Strahlen
bringen.

Ein Traum in Gelb-Weiß

Hier lässt es sich gut träumen. Die zur Wandborte passenden Mond- und Stern-Anhänger definieren den Schlafbereich. Mit etwas Farbe und drei ausgesägten Holzherzen kann aus einem alten Holz-Bett diese liebevolle Schlafstelle werden. Passend dazu ist das Nachttischchen hergerichtet. Mit Goldedding umrandete Holzherzen werden auf 1cm breite Holz-Zylinder geleimt und mit passenden Schrauben so von innen befestigt, dass das Herz unbeschädigt bleibt.

Eine einfache Stehlampe wird zum Unikat, wenn man sie mit Scheiben einer dreifarbig gefilzten Schnur verziert.

Auch in einer Kette machen sich die geringelten Scheiben gut. Zwischen kleinen Perlen aufgefädelt, entzücken sie ihre Trägerin.

Anleitung

FILZKRINGEL

Filzwolle in möglichst heißem Wasser, das mit Schmierseife vermischt ist (3 EL auf 1 l), mit den Händen zu einer Schnur rollen und kneten. Nacheinander jeweils Stücke einer neuen Farbe herum wickeln und wieder anfilzen. Alles gut auswaschen. Nach dem Trocknen mit einem scharfen Cutter in Scheiben schneiden.

Anleitung

MOND & STERN-ANHÄNGER

Die Vorlagen (S. 137) auf zwei rechts auf rechts gelegte Stoffe übertragen und zuzüglich Nahtzugabe ausschneiden. Auf der vorgemalten Linie nähen, dabei eine Öffnung zum Wenden lassen. Die Nahtzugaben an allen Ecken bis zur Naht einschneiden. Mit Hilfe eines Holzstäbchens wenden und mit Watte füllen. Mit der Hand schließen. Bänder zur Aufhängung annähen.

Das größte Glück
eines Kindes ist es
geliebt zu werden.

Viel Stauraum bieten die Kisten unterm Bett. Sie werden mit weisser Tapete beklebt. Das gemalte Rautenmuster liegt in einem aus Borte geklebten Rechteck. Damit die schönen Kartons besser aus dem Regal gezogen werden können, bekommen sie Griffe aus reizvollen Borten oder Kordeln. Etwas kniffelig ist das Annieten der Borten, was man am besten über einer Tischecke macht. Oder aber man zieht sie durch vorgestochene Löcher und verknotet sie innen. Mülleimer und Bauklotzkiste lassen sich mit Tapete und Borten zu wahren Schmuckstücken verwandeln. Fotos oder kleine Tierchen sind liebevoll dazwischen eingerahmt.

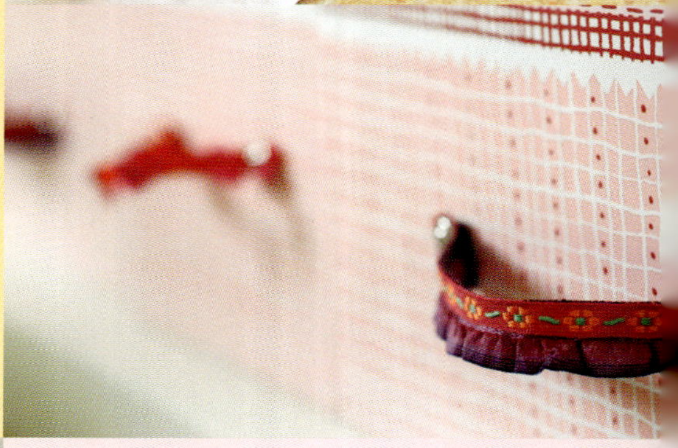

Himmlisches Puppenglück

In den Stubenwagen kann die Puppenmama sanft ihr Kleines betten. Liebevoll deckt sie es mit einem kleinen Patchwork-Deckchen zu, welches mit dem gleichen Herzmuster verziert ist wie das eigene Bett.

Anleitung

DECKCHEN

Auf ein Patchwork-Deckchen werden die Herzen appliziert. Dafür die rechte Stoffseite auf die glänzende Seite eines Bügelvlies legen und entlang der aufgemalten Herzform nähen. Dabei eine Öffnung zum Wenden lassen. Vor dem Wenden die Nahtzugaben an Ecke, Spitze und Rundungen einschneiden. Nach dem Wenden aufbügeln und festquilten. Mit Goldgarn diese und weitere kleine Herzen aufquilten.

STUBENWAGEN

Grundelement ist ein Korb, dessen Tragegriff entfernt wird. Er wird mit Sprühlack in Altweiß lackiert. Aus Holzlatten wird ein passendes Untergestell gebaut, an dem die Räder angeschraubt werden. Für den Himmel einen festen Draht zuschneiden und in der Hälfte knicken. Den Himmel aufziehen bevor der Draht in Form gebogen und in den Korb gesteckt wird. Dafür an den Stoff von innen eine Schlaufe nähen, die in der Mitte eine Öffnung zum Einschieben des Drahtes hat. Den sichtbaren Teil des Drahtes mit weißem Klebeband umwickeln. Für die Rüschenborte eine 10 cm breite Schlaufe nähen, die anderthalb mal so lang wie der Korbumfang ist. Den oberen Rand dieser Schlaufe reihen und auf Länge des Korbumfanges raffen. Alle 5 cm am Korb festnähen.

Kaufladen mit Überraschungen

In diesem Kaufladen auf Rädern steckt noch mehr: Klappt man das Brett hoch, das eben noch Ladentheke war, kommt eine Küche zum Vorschein. Und bei genauerem Hinsehen entdeckt man noch eine Poststelle. Sogar als kleines Puppentheater könnte man dieses Multitalent verwenden.

Das Kernstück des Kaufladens kann ein altes Schränkchen mit Schubladenelement sein. Rechts und links davon werden oben abgerundete Bretter befestigt. Dazwischen werden Regalböden für die Kaufladenutensilien eingeschraubt.

Das Dach bildet ein gespannter Stoff mit angenähter Borte.

Ein mit Silberbronze angemaltes Minitablett sieht mit Backpapier wie ein Backblech aus. Ein Highlight im Alltag sind selbst gebackene Brötchen, die man sich hier kaufen kann.

Der besondere Clou der Küche ist der Wasserhahn, der sich beim Zuklappen ins eingebaute Spülbecken legt. Um den Wasserhahn einschrauben zu können, wird mit einem passendem Bohrer ein Loch in die Holzplatte angebohrt (nicht durchgebohrt). In die Deckplatte des Schränkchens sägt man einen Ausschnitt für eine kleine silberne Schüssel. Diese wird in der Schublade eingeklebt. Hier kann jetzt der Abwasch gemacht werden. Die Herdplatten sind aus Sperrholz gesägt und schwarz lackiert. Die Regler sind kleine Holzräder, die drehbar mit Muttern und Gewindeschrauben befestigt werden. Durch die Plexiglasplatte kann den Plätzchen beim Backen zugesehen werden. In der Schublade befinden sich neben dem Besteck auch die Post-Materialien. Der Briefkastenschlitz liegt unter der Tafel, auf der immer die neuesten Angebote angepriesen werden können.

Anleitung

BORDÜRE
Die Vorlage (S. 137) auf den Stoff übertragen und zuzüglich Nahtzugabe ausschneiden. Je nach Umfang des Baldachins entsprechend viele dieser Schnittteile zusammen nähen. Mit der rechten Seite auf einen einfarbigen Stoff legen und an der gezackten Seite nähen. Obere Kante offen lassen. An den Ecken und Spitzen die Nahtzugabe bis zur Naht einschneiden und alles wenden. Obere Kanten nach innen einschlagen und zusammennähen.
Für die Bommel die Kreisvorlage auf Stoff übertragen und ausschneiden. Den Rand ca. 7 mm einschlagen und reihen, vorsichtig zusammenziehen und mit wenig Watte füllen. Auf die Spitzen der Borte setzen, festziehen und annähen.
Die Herzvorlage auf den Stoff übertragen und zuzüglich Nahtzugabe ausschneiden. Mit der rechten Seite gegen Vlieseline nähen, dabei eine Öffnung zum Wenden lassen. Nahtzugaben an den Ecken und Rundungen einschneiden. Nach dem Wenden auf die Borte bügeln und mit Ziergarn feststeppen.

Raumgestaltung mit Ausstrahlung

Sonnengelb durchflutet den Raum, egal, ob von oben die niedliche Blumenlampe scheint oder nicht. Die weißen Blüten liegen auf einem grünen Blatt. Beides wird aus Holz ausgesägt, gefeilt und angemalt. Gelb lackierte Halogenleuchten werden in den Brettern eingeklemmt. Mit Haken in Decke und Lampe wird das Blütenblatt aufgehängt.
In einem kleinen Zimmer wirken zwei schmale Schränke harmonischer als ein großer. Der Baldachin legt sich wie ein märchenhaftes Dach über den golden bemalten Schreibtischplatz. Der Schleier wird an Haken zur Seite gebunden.
Auf einem Regalbrett sind Malblätter und Stifte in Boxen immer griffbereit . Hier kann man auch die neuesten Basteleien ausstellen.

Tipp: Kunstwerke vorm Ausrangieren fotografieren, dann fällt es leichter, sich davon zu trennen.
Beim Malen mit Freundinnen kann man die Tischchen auch zusammenstellen.
An der äußeren Schrankseite kann man eine Garderobenleiste anbringen, an der viele Taschen ihren Platz finden.

Sonnenecke

Unter dem Sonnensegel findet die Puppenecke ihren Platz. Gegenüber der Schlafecke treffen sich die Puppen zum Kaffeekränzchen. Zwischen goldenen Rahmen kommen sich ihre Mamas wie Prinzessinnen vor.

Anleitung

SONNENSEGEL
Auf ein dreieckig umnähtes Tuch schmale Stoffstreifen strahlenförmig aufnähen. In der Mitte einen Kreis aus Stoff (alles unversäubert) aufnähen. Die Ecken mit Ringen nieten.

Zum Puppengeburtstag werden Mini-Muffins serviert. Beim Anrichten wird ein selbst gemachtes Tablett zum praktischen Helfer. Es ist ein weiß angemalter Bilderrahmen, in dem Stoff eingerahmt wurde.

Niemals ist die Zeit, die wir für unsere Kinder einsetzen, bedeutungslos. Es ist eine Investition in unserer aller Zukunft.

Anleitung

PUPPENKLEIDCHEN

(für ca. 43 cm große Puppen)

Vorlagen von S. 137 und 2 Rechtecke (35x13 cm, 60x7 cm) auf die linke Seite des Stoffes übertragen. Schulternähte nähen. Ärmel einsetzen. Ärmel und Seiten des Oberteils schließen. Halsausschnitt und Ärmel ganz dünn umnähen. Das größere Rechteck an der Längsseite reihen und raffen und an das Oberteil nähen. Kanten versäubern. Das kleinere Rechteck umnähen und 1 cm vom Rand entfernt reihen und raffen. Unten am Kleid aufnähen. Rückwärtige Mittelnaht versäubern und umnähen. An drei Stellen Klettverschlüsse annähen.

Kragenteil auf zwei rechts auf rechts gelegte Stoffe übertragen und auf der Linie nähen, dabei eine Öffnung zum Wenden lassen. An den Ecken die Nahtzugabe einschneiden und wenden. Mit der Hand schließen und Bänder für die Schleife annähen. Der Kragen wird lose um den Hals gebunden.

Kleines kommt groß raus

Bilderrahmen aus Styropor geben die Möglichkeit, diverse Karten und Fotos aufzuhängen und einfach auszuwechseln. Auf quadratisch geschnittene Styroporplatten (3 cm dick) wird schönes Geschenkpapier mit Tesafilm auf der Rückseite festgeklebt. An den Seiten wird ein Hutgummi mit Draht fixiert.

Zwischen Bett und Schrank entsteht ein Pferdestall, wenn dazwischen eine selbst gedrehte Kordel gespannt wird. Wie dafür gemacht ist ein Glockenhalter, an dem sie eingehakt wird.

Der Futtereimer hängt an einem gebogenen Drahthaken. So kann sich das Pferd satt essen, bevor es wieder zum Ausritt geht.

Anleitung

KORDEL

Drei Fäden Wolle auf das sechsfache der zuletzt gewünschten Länge zurechtschneiden. Im Beispiel ist ein Faden davon weiße Wuschelwolle. Die drei Fäden gebündelt über einer Türklinke halbieren und alles fest miteinander verdrehen. Unter Spannung das Ganze noch mal halbieren. Dadurch verdreht sich die Wolle nochmals, so dass eine Kordel entsteht.

Solche selbst gedrehten Kordeln eignen sich auch ideal als Hundeleinen.

Kinder sind ein bedeutungsvolles Bild dafür, dass Leben durch Liebe entsteht.

Wenn Kinder wie Blumen sprießen, kann man jeden Wachstumsschritt auf einem Blumenblatt festhalten. Groß ist die Freude, sobald das nächste erreicht ist.

Anleitung

TULPEN-MESSLATTE

In ein Rundholz alle 5 cm ein Loch bohren. Passende Holzstifte auf einer Seite einsägen, genauso den Besenstil. Dort werden nach dem Anmalen die Blätter und die Blüte (Vorlage S. 137) aus Tonkarton hinein gesteckt.

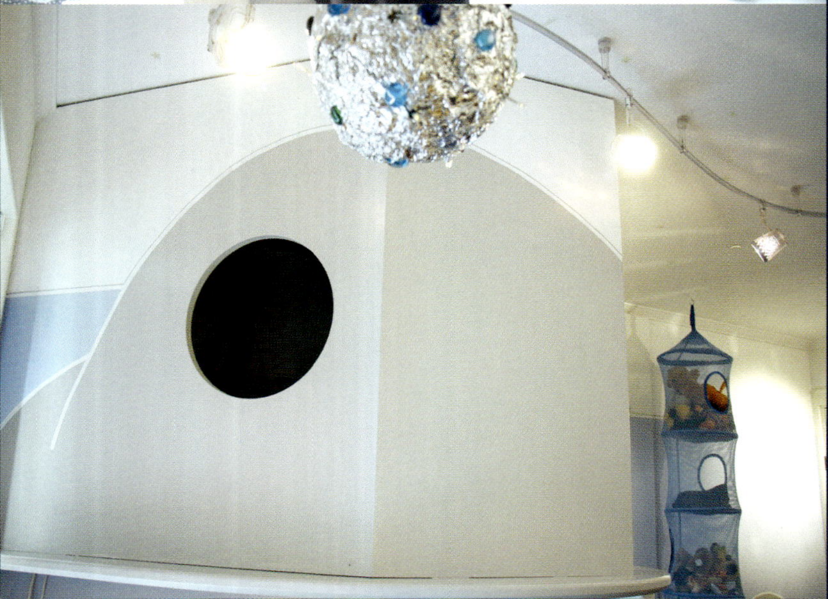

Ufofahrt durch den Weltraum

Da hat ein Ufo über dem Bett zur Landung angesetzt. Schnell wird es erobert und als kleine Rückzugsmöglichkeit genutzt. Beim Stürmen über die Steckenleiter oder die Kletterwand kann man sein Geschick unter Beweis stellen. Die Kletterwand bietet verschiedene Kombinationen der Griffe. In die Löcher sind von hinten Gewinde eingeschlagen, so kann überall ein Griff fest geschraubt werden.
Durch die hellen Farben fügt sich diese relativ große Konstruktion gut ins Zimmer ein. Sie bietet zugleich Kuschelecke und Abenteuerspielplatz, mit einem runden Fenster als Hintereingang und dem Bett als Sprungtuch. So können sich auch in kleinen Zimmern unbändige Weltraumritter austoben.

Wie die Startdüsen eines Ufos leuchten drei Strahler, deren Schalter sich beim Bett befindet.

Im Ufo zieht einen die Lichter-Spirale in ihren Bann und verbreitet Weltraum-Atmosphäre. Ein Regal und ein paar Haken können als Abstellplatz dienen. Der silberne Vorhang hält neugierige Blicke zurück, ist aber von innen nach außen transparent, so kann alles vom Ufo aus heimlich beobachtet werden.

Gefahr im Planetensturm

Ein niedriger Schrank lässt sich gut unter der Dachschräge platzieren. Er lässt sich auch als Ablagefläche und Hochsitz nutzen.

Spiegel sind für Kinder wichtig. Sie lernen sich damit selber kennen und entwickeln leichter eine ausgeglichene Selbstwahrnehmung. Ein am Schrank befestigter Spiegel bietet eine Platz sparende Möglichkeit dazu.

Die Kissen der Kuschelecke verwandeln sich bei einer Kissenschlacht blitzschnell in einen wilden Planetensturm. Da muss die Rakete aufpassen, dass sie heil davon kommt. Sie besteht aus einem Wandregal, dass mit Flügeln aus Sperrholz und aufgemalten Elementen aufgerüstetet wurde.

Anleitung

KISSEN

Für ein 40x40 cm großes Kissen ein 95x43 cm großes Rechteck ausschneiden.

Die kurzen Seiten umnähen.

Wie auf dem Foto gezeigt, mit der rechten Seite nach innen einschlagen. Seiten zusammennähen, Ecken schräg abschneiden und wenden. Die Planetenvorlagen (S. 138) auf Stoff übertragen und ohne Nahtzugabe ausschneiden. Auf Vlisofix (eine Art bügelbares Doppelklebeband) aufbügeln. Das Transferpapier abziehen und auf das Kissen bügeln. Die Ränder mit engen Zick-Zack-Stichen umnähen.

EINLADUNG

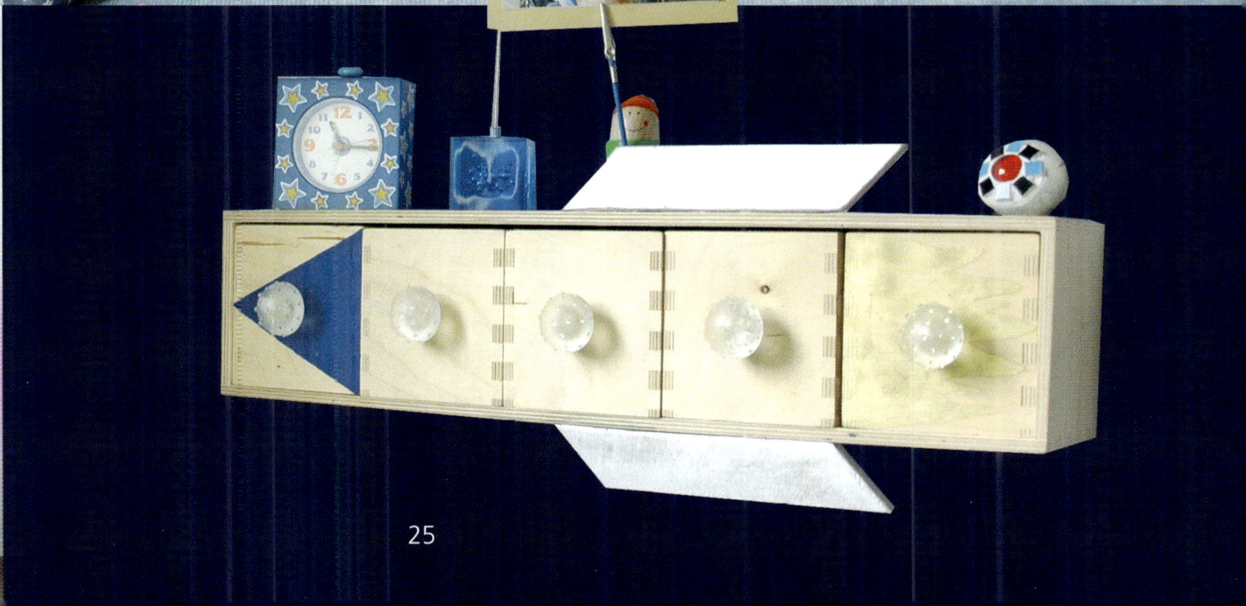

Gespensterstunde im Weltraum

Auf dieser Tagesdecke tummeln sich nicht nur verschiedene Patchwork-Raketen, sondern auch gut getarnte Ufos, die in den Stoff hinein gequiltet sind (Vorlagen S. 138).

Genug Lesestoff für die Geisterstunde findet sich im Geheimfach in der Bettritze. Mit der Taschenlampe ist das richtige Buch in der aus Holz gearbeiteten Kiste schnell gefunden.

Anleitung

ANLEITUNG GESPENST

Die Vorlage (S. 138) auf zwei rechts auf rechts gelegte Stoffe übertragen und an den langen Seiten zusammen nähen. Die Nahtzugabe an der Spitze abschneiden. Die Kreisvorlage auf den Stoff übertragen und zuzüglich Nahtzugabe ausschneiden. Einnähen, dabei eine Öffnung zum Wenden lassen. Nach dem Wenden mit Füllwatte füllen und mit der Hand zunähen. Perlen als Augen aufnähen und einen Mund mit rotem Faden sticken.

Auch die Schultüte ist im Weltraumstil gehalten. Stolz hält sie der Schulanfänger im Arm als wolle er sagen: „Heute beginnt meine Karriere als Astronaut."

Space – für kleine Astronauten

Große Buchstaben verraten das Zimmermotto schon auf den ersten Blick. Ein grauer Balken, in den ein Wandregal eingegliedert ist, schließt sich ihnen an. Damit sich die Schrift (verkleinerte Vorlage auf S. 138) und Balken besser abheben, wird beides weiß unterlegt. Der Schreibtisch bietet viel freie Fläche, damit man sich ohne Ablenkung auf die Hausaufgaben konzentrieren kann. Stifte, Malpapier und andere Schreibtischutensilien finden sich im Container oder auf dem Regal. So haben die Gedanken freie Bahn. Der Raum vergrößert sich optisch durch die nach oben heller werdende Farbgebung.

Anleitung

ZEITSCHRIFTENSAMMLER
Runde Holzscheiben mit Hammer und Meißel halbieren. Aus der Mitte einen Halbkreis mit einer Rundfeile schleifen. Schräg an die Zeitschriftenordner leimen und anmalen.

PLANETEN-LAMPE
Einen Ring aus Fensterfolie passend zuschneiden und mit verschiedenen Glitzer-Klebern bemalen. Schräg über die Lampe stecken.

Wenn unsere Kinder erleben geliebt zu werden, können sie unsere Fehler leichter verzeihen.

Das Regal unter der Schräge bietet viel Stauraum für die Kisten, in die das Spielzeug sortiert werden kann. Wenn alles seinen festen Platz hat und man häufiger zwischendurch aufräumt, fällt das Ordnung halten leichter.

Auch in kleinen Details findet sich das Weltraummotto. An die Zeitschriftenordner sind halbkreisförmige Holzringe geleimt, so dass die Grifflöcher Planeten gleichen. Die Kugel-Lampe bekommt einen glitzernden Ring und greift so ebenfalls die Planetenform auf.

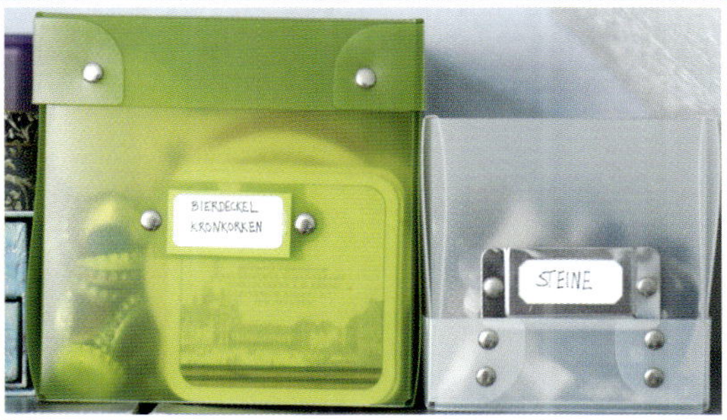

Stationen entlang der Milchstrasse

An dem Planeten, der hinter der Zimmertür an die Wand gemalt ist, lässt sich alles gut aufhängen. In seinem Ring werden die Haken in die Wand geschraubt.

Ausgedienter Asteroidenschutt findet in diesem Mülleimer sein Zwischenlager. Blaue Positionslichter aus Muckelsteinen leuchten an seinem Rand, damit das Ziel nicht verfehlt wird.

Ein ausgedienter Softball wird Grundelement des Leuchtplaneten. Durch die Reflexionen der Lichterkette in Alufolie und Muckelsteinen ergeben sich tolle Effekte.

Jedem Wachstumsschritt wird besondere Aufmerksamkeit geschenkt, indem man alle fünf Zentimeter einen Planeten in die Messlatte neben dem Türrahmen steckt. Stolz wird die neu erreichte Größe und das Datum eingetragen (Anleitung siehe S. 21, Vorlage Seite 137).

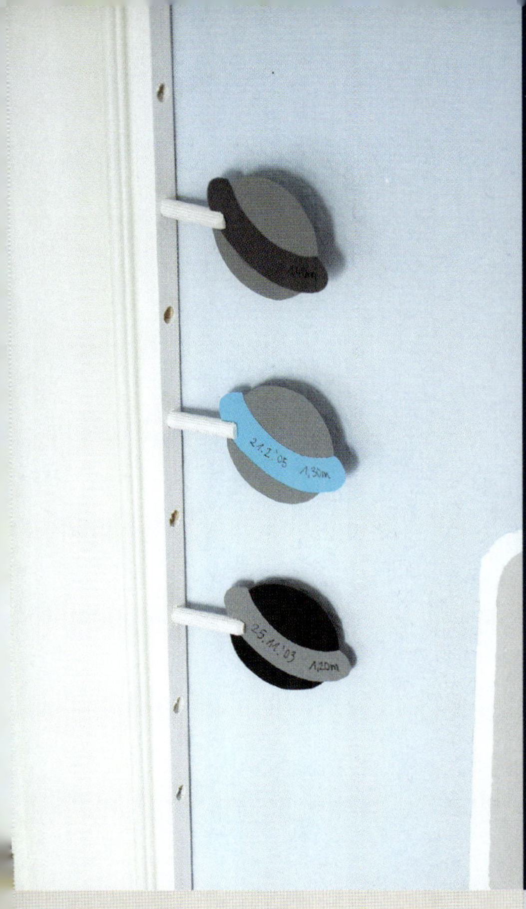

Wer einen Sohn versäumt zum Freunde zu erziehen, hat, wenn er aufhört, Kind zu sein, ihn verloren.

FRIEDRICH RÜCKERT

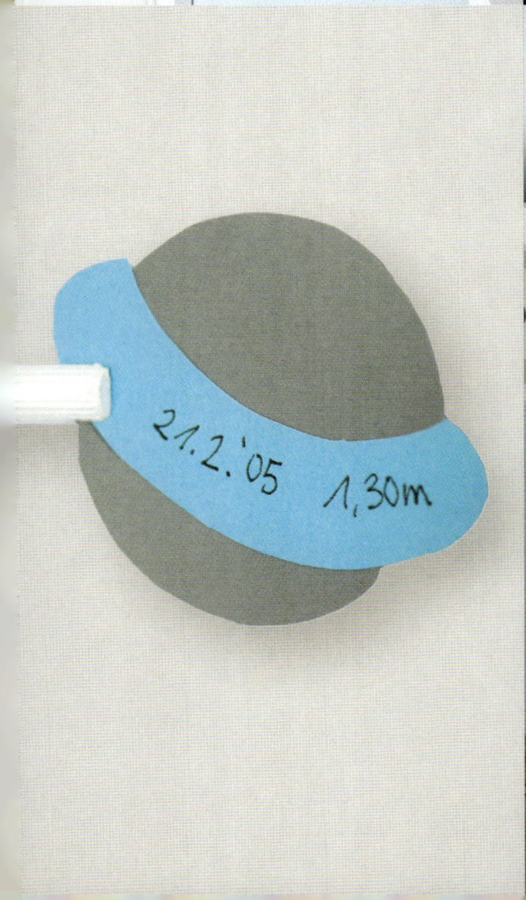

Anleitung

LEUCHT-PLANET
Eine Lichterkette mit Batterien wird so um einen Softball gewickelt, dass die Lichter gleichmäßig verteilt sind. Der Ball wird mit Alufolie umwickelt und der Schalter dabei ausgespart. Die Lichter nach außen durchdrücken und in die Zwischenräume Muckelsteine kleben.

MÜLLEIMER
Vier rechteckige MDF-Platten (19,5 x 27 x 0,5 cm) um eine quadratische Platte (19 x 19 x 1 cm) leimen. Anmalen, Kreise mit Zirkel vormalen und ausmalen und zum Schluss Muckelsteine aufkleben.

Eingerahmt

Ein Bilderrahmen lässt sich mit ein paar Bastelmaterialien in ein Dornröschen-Schloß oder eine Ritterburg verwandeln. Aus Haushalts-Rollen, die mit Tonpapier beklebt werden, entstehen Türme. Eine Zugbrücke wird von Ketten an Ring-schrauben getragen. Perlen und Stoff-rosen verzieren das Märchenschloss. Mit Spitze beklebter Tüll liegt wie ein Schleier vor dem eingerahmten Bild.

Signierte Wechselrahmen geben ihren Künstlern die Gelegenheit, immer wieder die neuesten Bilder zu präsentieren. Da wechseln die Exponate an manchen Tagen mehrmals.

Anleitung

WECHSELRAHMEN
Holzwäscheklammern weiß anmalen. Glasscheibe des Bilderrahmens entfernen. Klammern an gewünschter Stelle auf einen weißen Untergrund aufkleben und frei Hand einen Rahmen mit Gold-Edding malen. Das Autogramm des Künstlers nicht vergessen!

Kuscheliger Badespaß

Für diese Handtücher verlässt man gerne das warme Wasser. So wickelt sich der Flaggenfan in seine selbst entworfene Fahne und die Pferdeliebhaberin wird von Pegasus, dem geflügelten Pferd, sanft umschlungen. Praktischer Helfer wird dabei der Schweif beim Abtrocknen der Zehen-Zwischenräume.

Anleitung

PEGASUS

An ein Badehandtuch ein Gästehandtuch annähen, so dass es zu einem Kaputzenhandtuch wird. Die Pegasus-Form frei Hand von den Fotos auf Stoff übertragen. Mit der rechten Seite gegen Vlieseline nähen, dabei eine Öffnung zum Wenden lassen. An den Ecken die Nahtzugabe einschneiden, wenden und auf das Handtuch festnähen. Augen und Ohren aufsticken. Schweif- und Mähnen-Fransen festnähen.

Anleitung

FLAGGE
Drei Stoffstreifen zusammennähen. Die Außenränder einschlagen und auf das Handtuch nähen. Sterne (Vorlage S. 138) ausschneiden, auf dem Handtuch feststecken und am Rand festnähen. Die Ränder bleiben unversäubert. Zwischen den drei Stoffstreifen zwei Längsnähte durchs Handtuch quilten.

Mit einer romantischen Borte bekommt ein Bademantel nicht nur eine liebevolle Note verliehen, sondern wird seinem Besitzer auch leicht zuzuordnen sein. Den Schriftzug malt man am besten mit Bleistift vor, bevor man die Borte mit Nadel und Faden Stück für Stück festnäht.

Lasst die Zeit nicht ungenutzt vorüberziehen, in der eure Kinder euch noch uneingeschränkt lieben.

Für unterwegs

Ein tolles Geschenk für kleine Könige ist dieses Halstuch. Es ist kniffelig in der Herstellung, aber mit etwas Erfahrung im Nähen schnell gemacht.

Warm eingepackt mit Schal und passender Tasche kann der Ausflug starten. Die beiden Stoffe werden für den Schal in gewünschter Länge und Breite einfach rechts auf rechts zusammengenäht. Dabei lässt man eine Öffnung zum Wenden. Nach dem Wenden wird diese mit der Hand geschlossen.

Mit der Filzuhr verliert man die Zeit nicht so schnell aus den Augen. Denn mit den beweglichen Zeigern lassen sich sogar verschiedene Zeiteinstellungen üben.

Anleitung

HALSTUCH

Vorlage von S. 138 auf gelben Stoff übertragen. Rechts auf rechts mit Vlieseline zusammennähen, dabei eine Öffnung zum Wenden lassen. Die Ecken der Nahtzugabe vorsichtig einschneiden. Mit Hilfe eines Schaschlikspießes wenden. Auf ein Dreieckstuch aufbügeln. Den Rand der Krone mit Goldgarn quilten. Name vormalen. Mit dünnem Faden Goldgarn Stück für Stück auf der vorgemalten Linie festnähen. Die Enden auf der Rückseite versäubern.

ANLEITUNG FILZUHR

Aus dickem Filz die Uhr-Glieder ausschneiden und mit elastischem Faden auffädeln. Perlen auf das Ziffernblatt nähen. Für die Zeiger elastischen Faden durch die Mitte ziehen, Stäbchen-Perlen aufziehen und über den Rand zusammenknoten. So kann man die Perlen wie Zeiger um den Mittelpunkt drehen.

Anleitung

TASCHE

Vorlagen von S. 138/139 je zwei Mal auf zwei verschiedene Stoffe übertragen. Die Rechtecke jeweils an den Seiten und unten zusammennähen. In den entstandenen Ecken senkrecht zur Naht kleine Dreiecke abnähen. Oben die Klappen des jeweils anderen Stoffes rechts auf rechts annähen. Beide Taschen rechts auf rechts ineinander stülpen und den Rand zusammennähen, dabei eine Öffnung zum Wenden lassen. Nahtzugaben an den Ecken einschneiden und wenden. Mit der Hand eine gedrehte Borte wie auf dem Foto gezeigt annähen. Aus Samt einen Schlauch nähen, in den man ein breites Gummiband zieht. An den Enden einschlagen und so mit der Hand an der Tasche festnähen, dass der Samt gerafft ist.

Erlebt man nicht
die größten Abenteuer
in der Natur?

Mit Phantasie und kreativen Elementen wird Ihr Garten zum Schauplatz vieler Abenteuer.

Beim gemeinsamen Spielen erobern Ihre Kinder unbekannte Inseln oder ziehen sich in einer Baumhausvilla zurück.

Beobachten Sie Ihre Sprösslinge, wenn sie die Welt mit allen Sinnen erfassen.

Herzlich Willkommen in der Villa Baumhaus

Das Baumhaus bietet Raum für viele unterschiedliche Aktivitäten. Hier wird wild erobert bis es die Mutigsten geschafft haben, das Dach zu erklimmen oder man zieht sich leise zurück, um durch Gucklöcher die Umgebung zu beobachten.
Unter dem Häuschen hängt eine Bank, deren Beine abgesägt wurden. Gerne kuschelt man sich hier gemütlich zusammen oder hat viel Spaß beim kräftigen Schaukeln.
Über die Strickleiter wird der Balkon erreicht. Von dort oben lassen sich mit einem Flaschenzug Lasten hochziehen oder die Sieger hissen die Flagge am Fahnenstab.
Wer an der Türglocke geklingelt hat, darf das Reich von innen bestaunen.

Tipp: Mit handwerklichem Geschick und Kreativität können sie sich dieses Stelzenhaus selber bauen oder einen fertigen Bausatz mit Farbe und verschiedenen Details umgestalten.

Spielemöglichkeiten ohne Ende

Kunterbunt ist es im Inneren des Baumhauses im schwedischen Stil. An allen Ecken und Enden gibt es etwas zu entdecken, stundenlang kann man sich hier beschäftigen. Am Klapptischchen können die Schreibarbeiten der Detektive erledigt werden oder es wird Kochstelle für Blättersuppen und Blütenparfüm. Kochtöpfe, Stifte, Papier und andere Werkzeuge sind in der Eckbank oder auf dem Regal verstaut. Tierfreunde beobach-

ten durch die Schiebefenster aufmerksam den Waldrand, Lehrer unterrichten an der Tafel und Prinzessinnen bewundern sich im Spiegel. Durch die Wandlampe muss das Spiel noch nicht einmal bei Dunkelheit abgebrochen werden.

Ihr Eltern,
lehrt lieben!
So hat euer Kind
ein reiches,
gewinnbringendes
Leben vor sich.

JEAN PAUL

Anleitung

SANDKASTENBOOT

Rundhölzer in Bootsform in den Boden schlagen. Boot mit gelöcherter Plastikfolie auskleiden und mit Spielsand füllen. Ein Brett dient als Sitzbank. Mast einschlagen und ein ausgesägtes Steuerrad anschrauben. Mit Fähnchengirlande aus einer Plastiktischdecke schmücken.

Abenteuer als Seefahrer

Nachdem der Sandkuchen fertig gebacken ist, steuern die Seeräuber unbekannte Inseln mit dem Boot an. Auf ihrer Fahrt entdecken sie eine Flaschenpost. Die unsichtbare Schrift, die mit Zitronensaft geschrieben wurde, kann über einer Kerze entschlüsselt werden.

Für Schatzsuchen-Liebhaber lohnt es sich, eine Karte zu malen und gleich mehrfach zu kopieren. Sie enthält den Grundriss des Gartens und wird mit Phantasie ausgeschmückt. Man zerschneidet sie und markiert auf jedem Teil wo der nächste Zettel versteckt ist. Auf dem letzten ist der Schatz eingezeichnet.

Wachsame Beobachter sind die Indianer mit ihrem bunten Federschmuck. Im Schatten eines Tipis, das aus zusammengebunden Ästen und übergeworfenen Tüchern gebaut wird, können sie sich ausruhen.

Die Sinne schärfen

Der Fühlweg in Schneckenform schult die Sinne. Beim Konzentrieren auf die unterschiedlichen Wahrnehmungen kommt man zur Ruhe. Mit den Füßen kann man die Materialien des Fühlweges ertasten. Die Fächer sind mit verschiedenen Steinen, Hölzern, Rindenmulch und Moos gefüllt. Wenn jemand darüber läuft, kann ein anderer raten, welche Füllung das jeweilige Geräusch auslöst. Wählt man für die Rand-Bepflanzung duftende Blumen lässt man auch den Geruchssinn auf seine Kosten kommen.

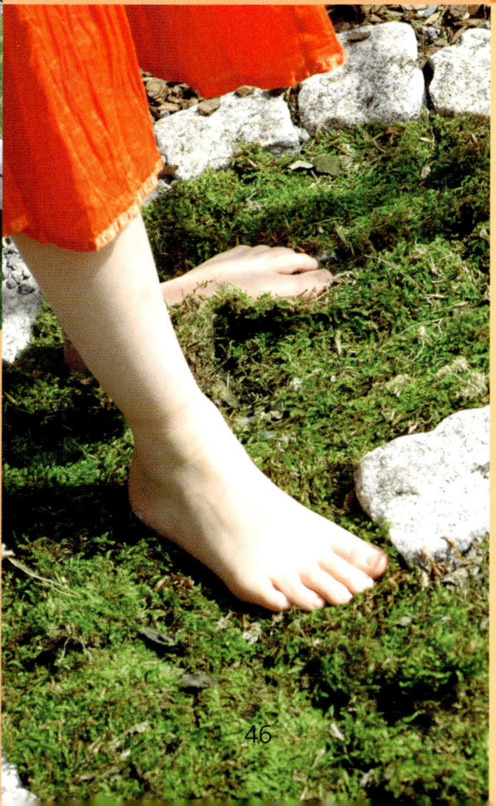

Anleitung

FÜHLSCHNECKE

Gewünschte Form (ø 2,50 m) ca. 20 cm tief ausheben. Mit Mineralgemisch zur Hälfte füllen, verdichten und darauf Granitsteine (8 x 8 x 8 cm) in Schneckenform fest betonieren. Mit kleineren Granitsteinen (5 x 5 x 5 cm) Fächer abgrenzen. Mit verschiedenen Materialien füllen.

Aus eigener Ernte

Einen eigenen Garten zu besitzen erfüllt so manches Herz mit Stolz. Schon auf dem Namensschild am Eingangstürchen kann man davon etwas spüren. Es hängt an einem Puppenbügel und wird mit Draht und Ringschrauben befestigt. Beim Blumen aussuchen, umgraben, säen und beobachten, wie Sprösslinge zu kräftigen Pflanzen werden, lernt der kleine Gärtner viel über die Natur. Nach der Ernte schmeckt ihm plötzlich so manches Gemüse.

An der Gerätewand hängen die benötigten Werkzeuge griffbereit. Nach der Arbeit oder auch schon zwischendurch lieben kleine Gartenbesitzer die Pause im Liegestuhl.

Anleitung

MINI-GARTEN

Zur Verankerung der Pfosten Bodenhülsen verwenden. An den Pfosten Rankgitter als Zaunelemente anschrauben. Das Türchen mit Scharnieren anschrauben. Für die Gerätewand eine Platte auf zwei längere Pfosten schrauben. Auf schräg angebrachten, verzierten Regalhaltern eine Platte befestigen. Mit Dachpappe beziehen. Haken für die Geräte anbringen.

LYNNS GARTEN

Sind die wertvollsten Geburtstagsgeschenke nicht die schönen Erinnerungen an diesen Tag?

Entwickeln Sie eigene Geburtstagsbräuche für Ihre Familie.
Lassen Sie sich von den vorgestellten Feiern inspirieren, Ihren Lieblingen einen unvergesslichen Tag zu schenken.

Die schönsten Geburtstagsbräuche

Die Kinder können es kaum abwarten bis endlich ihr Geburtstag da ist. Gespannt zählen sie, wie oft sie noch schlafen müssen. Das wird an einer Tafel für die ganze Familie sichtbar gemacht. So steigert sich die Vorfreude bis zum erreichten Tag, an dem das Geburtstagskind mit Kerzenschein und Ständchen geweckt wird. Jetzt ist es soweit: Man darf sich ein Jahr älter nennen, Geschenke auspacken, feiern und im Mittelpunkt stehen.

Lässt man bestimmte Abläufe jedes Jahr wiederkehren, führt man Rituale ein, auf die sich die Kinder freuen und mit denen man ihnen einen unabnehmbaren Schatz an Erinnerungen schenkt. So gehört auch das Aufhängen der Girlande bald zum festen Brauch dazu. Nur die Zahl wird jedes Jahr ausgetauscht. Man hat sie leicht

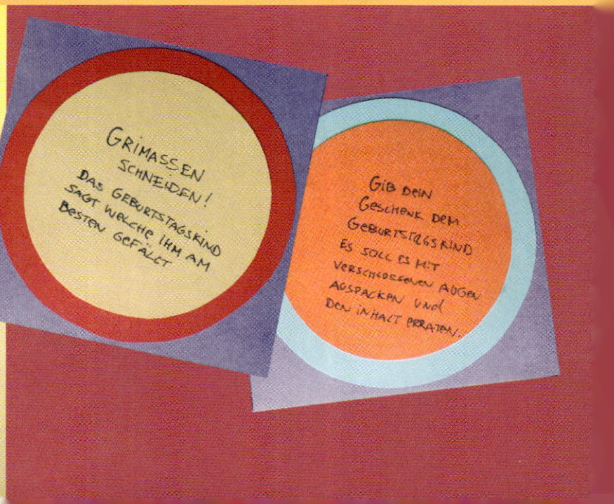

gemacht, wenn man Geschenkpapier mit Sprühkleber auf Tonpapier klebt und daraus Buchstaben ausschneidet.

Viel Freude bereitet ein Würfelspiel, mit dem das Geschenke-Auspacken bei der Feier entsprechend gewürdigt wird. Die mitgebrachten Päckchen liegen in der Kreismitte. Reihum wird gewürfelt und den Anweisungen des selbstgebastelten Würfels gefolgt bis alles geöffnet ist. Einen feierlichen Abschluss findet der große Tag mit folgender Tradition: Für jedes Lebensjahr lässt man einen Gasluftballon mit angezündeter Wunderkerze in den Himmel fliegen, als würden diese sich zu den Sternen gesellen und dort bis zum nächsten Geburtstag leuchten.

Blumengeburtstag für die Kleinsten

Schon die Einladung zu diesem Blumengeburtstag wird die kleinen Gäste faszinieren, wenn sie die Glitzerstelle im Licht hin und her bewegen. Bei der Feier erwartet sie eine bunte Tischdekoration, die an eine Blumenwiese erinnert. Im Mittelpunkt stehen die funkelnden Blütenmädchen, durch die jeder seinen Platz findet. Passend zu ihnen sind auf dem Tisch Becherblüten verteilt. Wenn man sie aufklappt findet man einen bemalten Tischtennisball. Natürlich dürfen diese Kleinigkeiten mit nach Hause genommen werden.

Anleitung

EINLADUNG
Nach der Vorlage von S.139 die Blüte und das Blatt aus buntem Tonpapier schneiden. Die Blütenmitte mit Kleber bestreichen und Glitzer darüber rieseln lassen. Der Stiel ist ein Strohhalm. Alles auf eine grüne Karte kleben und mit Goldedding beschriften.

BLUMENDOSEN
Nach den Vorlagen von S. 139 die Blüten aus buntem Tonpapier schneiden. Die Blütenmitte mit Kleber bestreichen und Glitzer darüber rieseln lassen. Mit Tesafilm einseitig an einen Fruchtzwergebecher kleben. Blumen mit Edding auf einen Tischtennisball malen und hinein legen.

Anleitung

BLÜTENMÄDCHEN

Den Rand eines Fruchtzwergebechers abschneiden. Nach den Vorlagen von S. 139 die Blüten aus buntem Tonpapier schneiden. Den Blütenrand mit Kleber bestreichen und Glitzer darüber rieseln lassen. Holzkugeln als Kopf und Hände mit der Heißklebepistole ankleben. Wolle für die Haare bündeln und an den Kopf kleben. Das Gesicht anmalen und den Namen auf den Bauch schreiben.

Schon Zweijährige haben Spaß am Basteln dieser Blumen.

Anleitung

BLÜTE AUF STROHHALM

- Lege ein Papier in einen flachen Karton.
- Tropfe mit einem Pinsel Wasserfarbe darauf.
- Lege drei Murmeln in den Karton und kippe ihn hin und her. So entsteht ein tolles Muster.
- Falte das Papier dreimal wie auf dem Foto gezeigt und schneide es bogenförmig ab.Danach falte es wieder auf.

- Wiederhole den letzten Schritt mit einem kleineren Stück Buntpapier und klebe es in die Blüte.
- Die Mitte bestreiche mit Kleber und lasse Glitzer darüber rieseln.
- Klebe hinten mit Tesafilm einen Strohhalm fest.
- Wer will, klebt noch ein Blatt an.

Glitzernder Käfergeburtstag

Heute werden neben dem Geburtstagskind auch einige Käfer beschenkt. Die Kinder schlüpfen in die Rollle einer kleinen Fee und machen ihren Käfer glücklich, indem sie ihn mit Glitzerpunkten bekleben. Diese liegen zu Beginn des Festes zwischen lauter Smarties-Käfern um die Käfertorte. Auf dem Teller dient ein magnetischer Filzkäfer als Namensschild. Nachdem die Kinder satt geworden sind, wird ihnen die Handlung erzählt. Am Ende gehen alle stolz mit ihren Käfern heim. Dazu bekommen sie noch ein aus Organzastoff genähtes Tütchen mit. In diesem stecken lauter süße Geschenke. In dem Döschen, das mit Geschenkpapier beklebt und mit Glitzer bemalt wurde, können auch die Glitzerpunkte des Ballons aufgehoben werden.

Anleitung

KÄFERTORTE

Aus drei Bisquitböden eine Käferform ausschneiden. Zwischen die Lagen wird ein Gemisch aus gemahlenen Mandeln, geschlagener Sahne und Zucker verteilt, in das frisches Obst gebettet wird. Alles mit Sahne bestreichen. Mit gefärbter Sahne Kopf und Name aufmalen. Punkte und Schrift mit Streuseln bestreuen.

SMARTIES-KÄFER

Auf Brauseoblaten mit Kuvertüre Kopf und Flügelstrich malen. Mit weißer Zuckerschrift aus der Tube Smarties aufkleben.

EINLADUNG

Postkarte mit Geschenkpapier bekleben. Aus weiterem Geschenkpapier einen Briefumschlag falten (Vorlage S. 139) und auf die Postkarte kleben.

MAGNETISCHE FILZKÄFER

Magnetfolie in Käferform (Vorlage S. 139) schneiden und mit Doppelklebeband Filz aufkleben. Für den Namen und die Punkte wird Glitzerkleber verwendet, wobei der Name mit einem schwarzen Stift vorgemalt wird.

KÄFERLUFTBALLONS

Nach den Vorlagen von S. 139 Tonpapier ausschneiden. Das Gesicht mit Buntstift aufmalen und auf den schwarzen Streifen kleben. Diesen mit Tesafilm hinten zusammenkleben und vorne Fühler aus Pfeifenputzern einstecken. Diese Manschette auf einen aufgeblasenen roten Luftballon setzen. Die Ballons aufhängen. Für die Glitzerpunkte (ø 4 cm) bestäubt man Filz mit Sprühkleber und lässt Glitzer darüber rieseln. Sie werden mit Doppelklebeband aufgeklebt.

Sternstunden beim Sternchen-Geburtstag

Von dem funkelnden Stern lässt man sich gerne zu Sternstunden einladen.
Eine ganz besondere Atmosphäre breitet sich an der Geburtstagstafel aus. Überall leuchten Sterne, wodurch Faszination bei den Kindern geweckt wird. Mittelpunkt ist eine Sternen-Lichterkette, die mit Luftschlangen auf dem Tisch drapiert wird. Ehrfürchtig bewundern die Kleinen ihre Namens-Kerzen und freuen sich, dass auch sie nach dem Geburtstagslied eine Kerze auspusten dürfen. Wie die Servietten gefaltet werden sehen Sie auf Seite 92.

Anleitung

GEBURTSTAGSKERZEN
Olivenboot mit Steckmoos füllen. Goldene Tannenbaumkerzen hinein stecken. Je einen ausgestanzten Stern auf die Kerze kleben. Rosen dazwischen stecken. (Achtung: Die Kerze nicht zu weit abbrennen lassen).

Anleitung

EINLADUNGSKARTE
Weißen Tonkarton in Sternform ausschneiden (Vorlage S.139). Den Rand mit Klebstoff bestreichen und Glitter darüber rieseln. Den nicht klebenden Rest vorsichtig abklopfen. Mit Goldedding „Einladung“ aufschreiben.

Wie ein Sternenregen hängen Sterne aus goldenem Tonpapier, umrandet mit Glitzerkleber, von der Decke.

Selbst der Strohhalm greift das Motto auf. Ein ausgestanzter Stern wird gelocht und am Strohhalm festgeklebt.

Nicht nur ein Genuss fürs Auge, sondern auch für den Gaumen bieten all die Tafelfreuden.

Anleitung

TORTE/TÖRTCHEN

Aus drei Bisquitböden wird eine Sternform geschnitten. Zwischen die Lagen wird Erdbeermarmelade verstrichen und ein Gemisch aus Erbeeren, geschlagener Sahne, Sahnesteif und Vanillezucker verteilt. Aus dem restlichen Bisquit mit einem Plätzchen-Ausstecher Sterne stanzen und mit der gleichen Masse und einer Erdbeere belegen.

Nach dem Kuchenessen kann unter anderem „Sternenreise“ gespielt werden. Ähnlich wie bei der Reise nach Jerusalem muß sich jeder einen Stern suchen, wenn die Musik ausgeht. Die Sterne werden aus gelbem Teppich ausgecuttert und liegen frei im Raum verteilt. Es werden ein oder zwei Sterne weniger ausgelegt als Kinder da sind. Entweder scheiden in jeder Runde ein bis zwei Spieler aus bis es einen Gewinner gibt, oder es starten immer wieder alle Kinder bei jeder neuen Runde. Für Jüngere ist letztere Variante angebrachter, da sie so weniger Wartezeiten haben. Nach einigen Spielen werden kleine Laternen gebastelt, mit denen anschließend auch gelaufen wird.

Anleitung

REZEPT PIZZA-MUFFINS

400 g Mehl, 1 Päckchen Trockenhefe, 2 EL Olivenöl, 1 TL Salz, 300 ml Milch, 1 TL Pizzagewürz und 3 EL Tomatenmark zu einem Hefeteig verarbeiten. 1 gewürfelte Tomate, 100 g geraspelten Käse, 100 g gewürfelte Salami und 1 gewürfelte und gedünstete Zwiebel unterheben. Teig mit einem feuchten Löffel in eine gefettete Muffinform verteilen. Bei 200°C ca. 20-25 min backen.

LATERNEN

- Klebe einen ausgeschnittenen Kreis aus Tonkarton in eine Butterbrottüte.
- An den oberen Rand klebe einen Streifen Tonpapier. Dort wird auch der Draht zur Aufhängung hinein gesteckt.
- Stanze aus Transparent- und Lichterkettenpapier Sterne aus und klebe sie auf die Tüte.
- Mit Heißkleber wird ein Teelicht in die Laterne geklebt.

Aus Butterbrot-Tüten sind die Standlaternen. Auf sie ist ein Stern aus Transparentpapier (Vorlage S. 139) geklebt, dessen Rand mit Glitzerkleber verziert wird.

Ein schnell angerichtetes Abendessen eignet sich für jede Geburtstagsfeier. Diese Pizza-Muffins kann man schon vor der Feier backen und mit Rohkost kalt servieren. Mit ausgestanzten Sternen beklebte Zahnstocher passen sie dem Thema an.

Wenn es nach Hause geht, bekommt jedes Kind zu der selbstgebastelten Laterne noch ein Tütchen mit einem kleinen Geschenk. Hier sind Taschenwärmer in Sternform eingepackt. Die Tüte kann auch als Windlicht um ein Glas gestülpt werden (siehe linke Seite).

Anleitung

RITTERBURG-TORTE
Einen Blechkuchen vierteln. Drei der Teile mit einem Sahnegemisch schichten. Aus dem restlichen Boden Turm und Zinnen schneiden. Alles mit Kakaogefärbter Sahne verzieren.

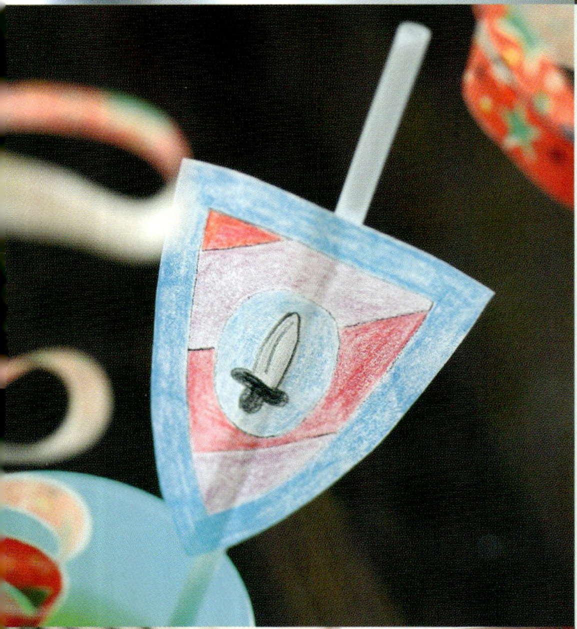

Ritterfest für mutige Drachenkämpfer

Wer das Falltor der Burg öffnet, kann die Einladung zum Rittergeburtstag lesen. Folgt er dieser, bekommt er zur Begrüßung sein eigenes Wappen (Vorlage S. 140), was ihn auf der ganzen Feier als Anstecker begleitet. Alles, was dieses Wappen trägt, gehört zu diesem Ritter. Nachdem die Kuchenburg gestürmt wurde, basteln sich die Ritter erstmal Pferde. Je nach Alter bereitet man dafür mehr oder weniger vor. Jeder Reiter muss mit einer Lanze, an der man eine Stecknadel mit Klebeband befestigt, einen Drachen besiegen. Beim Zerplatzen des Luftballons kommt ein Zettel zum Vorschein, der den nächsten Programmpunkt verrät.
Zum Abschluss bekommen die tapferen Drachenkämpfer ihre eigene Burgtüte mit kleinen Überraschungen geschenkt.

Anleitung

EINLADUNG

Aus grauem Tonpapier die Vorlage von S. 140 ausschneiden, anmalen und auf eine Postkarte kleben. Den oberen Rand angleichen. Goldfolie um Zahnstocher kleben und als Fahne zwischen eine Zinne kleben. Aus braunem Tonpapier ein Tor (siehe Vorlage) ausschneiden und von hinten ankleben. Mit einem Faden ein Zugsystem einfädeln.

DRACHENBALLONS

Vorlagen von S. 140/141 auf Tonpapier übertragen. Die Bögen der Nüstern mit der Nagelschere schneiden und hochklappen. Diese und die Augäpfel schwarz anmalen. Die Augen aufkleben. Den Rest wie auf dem Foto gezeigt mit Tesafilm kleben.

In den grünen Luftballon steckt man beim Aufblasen eingerollte Programmzettel mit angerußtem Rand und stülpt den Drachenkopf darüber.

STECKEN-PFERDE

Vorlagen von S. 140 vergößern und je zweimal aus Tonpapier ausschneiden. Gesicht aufmalen. Kopfhälften am Rand mit Klebstoff zusammenkleben, dabei die Feder mit einbeziehen. Stirnschmuck und kopiertes Wappen aufkleben. Rundholz mit reichlich Heißkleber bestreichen und in den Kopf drücken.

BURG-TÜTEN

Die Vorlage von S. 140 vergrößern und auf graues Tonpapier übertragen. Ausschneiden und an den gekennzeichneten Linien zu einer Tüte falten und zusammenkleben. Ein braunes Burgtor und ein kopiertes Wappen aufkleben. Anmalen und einen Griff aus einem Pfeifenputzer einstecken. Mit kleinen Überraschungen füllen.

Geburtstag für wilde Fußballer

Wer dieser Einladung folgt, hat nichts anderes im Kopf als Fußball, zumindest an diesem Nachmittag. Doch bevor das Mega-Geburtstags-Fußballspiel starten kann, müssen die Spieler einige Hürden überwinden. Die Anweisungen, die den Ablauf bestimmen, können entweder über Funkgeräte vorgelesen werden oder auf Zetteln ausgehändigt werden. Haben sie die Herausforderungen erfolgreich gemeistert, haben sich alle einen Pokal verdient.

Für das Mega-Geburtstags-Fußballspiel wurde extra eine Flutlichtanlage aufgebaut. Doch sie funktioniert nicht. Seht nach, was fehlt und sucht es im Garten.

Für den Baustrahler, der auf Pfosten geschraubt ist, fehlt das Verlängerungskabel. Es muss gesucht werden.

Prima! Ihr habt es geschafft! Doch eure Gegner haben von den Plänen für das Mega-Geburtstagsspiel gehört und wollen euch den Spaß verderben. Sie haben die Netze der Tore geklaut. Versucht heraus zu finden, wo sie diese versteckt haben könnten!
Einer von euch hat zum Glück ein Gespräch eurer Gegner auf Tonband aufgenommen. Vielleicht hilft euch die Kassette weiter, aber wo ist nur der Rekorder?

Der Kassettenrekorder muss gesucht werden. Auf der Kassette ist folgender Text zu hören: „Haha, da finden sie die Netze nie. Unter den Blättern des Waldes werden sie verrotten...". Also, Netze im Wald unter Blättern finden.

Glückwunsch! eure Gegner werden sich wundern. Ihr seid echte Profis. Aber passt auf. Sie werden nämlich nicht sehr erfreut sein, wenn sie von eurem Fund erfahren. Ihr müsst eine Falle bauen, falls sie die Netze zurückholen wollen. Durch ein Nagelbrett zu laufen, würde ihnen bestimmt nicht gefallen...
Sucht nach einem Brett, Nägeln und einem Hammer. Ihr müsst die Nägel durch das Brett hämmern und das Brett so vor das Gartentor legen, dass die Nagelspitzen nach oben zeigen.

Das habt Ihr gut gemacht. Der Platz ist jetzt sicher. Doch wo ist der Ball? Er lag doch im Karton. Hoffentlich hat den Karton niemand in den Müll geworfen. Jetzt schnell auf die Suche.

Den Ball, in einen Karton gelegt, in der Papier-Mülltonne verstecken.

Super! Das Spiel kann beginnen: Flutlicht ist an, Tore sind aufgebaut, eure Gegner werden an dem Nagelbrett nicht vorbeikommen und der Ball ist da! Ihr habt bewiesen, dass ihr echt wild seid!
Jetzt startet das Mega-Geburtstags-Fußballspiel.

Bei cooler Musik wird endlich Fußball gespielt.

Anleitung

GEBURTSTAGSZEICHEN
In die Vorlage von S. 140 in passender Schrift Namen einfügen und schwarz ausmalen. In gewünschter Größe kopieren. Mit orangenem Buntstift anmalen.

Anleitung

POKAL
Zwei Plastikbecher zusammenkleben. In den unteren einen Stein zum Beschweren legen und 1/3 mit Füllschaum aussprühen. Wenn dieser getrocknet ist, kann man überstehende Reste abschneiden. Mit goldener Acrylfarbe anmalen. Auf den Boden einen passenden Kreis aus goldenem Tonpapier kleben. Geburtstagszeichen vorne aufkleben.

Raumschiffabenteuer beim Weltraumgeburtstag

Mit dieser außerirdischen Einladung, die sogar im Dunkeln leuchtet, wird die Neugier bei den Gästen geweckt. Denn der Text auf der Rückseite verrät schon die Rahmenhandlung des Geländespiels, welches das Fest bestimmen wird: „Zwei Raumschiffe machen sich bereit für den Rückflug. Eine Gruppe von Aliens will das verhindern. Welches Raumschiff startet zuerst? Oder schaffen es die Außerirdischen den Start zu verhindern?"
Beim Empfang darf sich jeder einen von drei verschiedenen Aufklebern aussuchen. Somit hat man schon Gruppen aufgeteilt, die später von Bedeutung sein werden. Durch die Dekoration fühlt man sich

Anleitung

UFO

Auf eine Smartiespackung einen Kreis aus Hologrammfolie kleben. Darauf eine Perle, in die ein gebogener Draht gesteckt ist, mit Heißkleber befestigen. Gesicht aufmalen, Arme (Vorlage S. 140) aus der Folie ausschneiden und mit den Händen an eine Plastik-Halbkugel kleben. Diese auf die Smartiesdose kleben, während man die andere Seite der Arme in Kopfnähe andrückt. Wer den letzten Schritt zu kniffelig findet, lässt die Arme einfach weg. Mit Leuchtfolienstücken und Namen vervollständigen.

einfach wie im Weltraum. Schwarze und blaue Luftballons, denen ein Tonpapierring übergestülpt wird, wirken über dem Tisch wie kreisende Planeten. Die silberne Seite einer Rettungsdecke dient als Tischdecke, die runden Tischsets werden aus Papier geschnitten. Auch auf dem Tisch kreisen Planeten. Auf golden angemalte Wattekugeln setzt man einen Tonpapierring. Der Draht, den man in ihre Seiten steckt, sieht wie eine Umlaufbahn um die Servietten aus. Den gleichen Effekt hat man bei dem Geburtstagskerzen-Sonnensystem. Für jedes Lebensjahr zieht ein Kerzenplanet seine Bahn um die Sonne. Als Tischkarten dienen die Ufos auf den Tellern. Die Aliens darin versuchen über die Kapsel Kontakt zu ihrem Gegenüber aufzunehmen.

EINLADUNG

Tonkarton nach der Vorlage auf S. 140 ausschneiden. Für den Rand Alufolie ausschneiden und aufkleben. Schriftzug (S. 140) kopieren und aufkleben. Mit Leuchtfolienstücken (zum Beispiel klein geschnittene Leuchtsterne) verzieren. Auf der Rückseite Text (s. o.) aufschreiben und mit der Einladung ergänzen.

SONNENSYSTEM

Eine Styroporkugel mit Goldbronze streichen. Durch das Lösungsmittel darin entsteht ein interessantes Relief. Um Teelichter Tonpapier kleben und Ringe daraus aufstecken. Große Drahtringe möglichst weit unten in den Teelichtern einstecken, damit die Kerze ausgepustet wird, bevor das Wachs an dieser Stelle flüssig wird. Mit Doppelklebeband die Kerzen so auf einem Teller fixieren, dass sich die Drahtringe wie Umlaufbahnen um die Sonne legen.

REZEPT

Schokoladenfondue

Schokolade mit Pflanzenfett in einen Topf langsam erhitzen. Wenn es flüssig ist, in den Fonduetopf füllen.

Viel Freude haben die Weltraumfahrer beim Schokoladenfondue-Essen. Dabei wird das Obst auf Umlaufbahnen in die Schokolade geschickt, bevor es in hungrigen schwarzen Löchern verschwindet.

Wie schon auf der Einladung angekündigt geht es in dem Geländespiel um zwei verschiedene Raumschiffe, die sich für die Rückreise vorbereiten. Das wird nicht nur durch die Aliens erschwert, sondern auch durch das Fehlen der startnotwendigen Zündkerzen. Diese bestehen aus zwei Bauteilen (Becher und mit Alufolie umwickelte Steine), die zusammengesteckt funktionsfähig werden. Jede Raumfähre besitzt zwar 20 Bauteile, aber nur die einer Sorte. Tauschen sie sich untereinander aus, können sie die 10 benötigten zusammenbauen. Wenn da nicht die Aliens wären, die ständig versuchen Bauteile in ihren Besitz zu bekommen.

Hierbei gelten folgende Spielregeln:

- Die Gruppen werden unterschiedlich gekennzeichnet: Die Astronauten erhalten verschieden farbige Headsets, die Außerirdischen Planetenketten.
- Zu Beginn werden genau die Grenzen des Spielgebietes besprochen und welche Gruppe ihr Lager wo hat.
- Es darf immer nur ein Bauteil transportiert werden.
- Wenn jemand gefangen wird, muss er das Bauteil abgeben.
- Beim Lager sollte möglichst immer ein Wachposten stehen, denn es darf nur angegriffen werden, wenn es unbewacht ist.

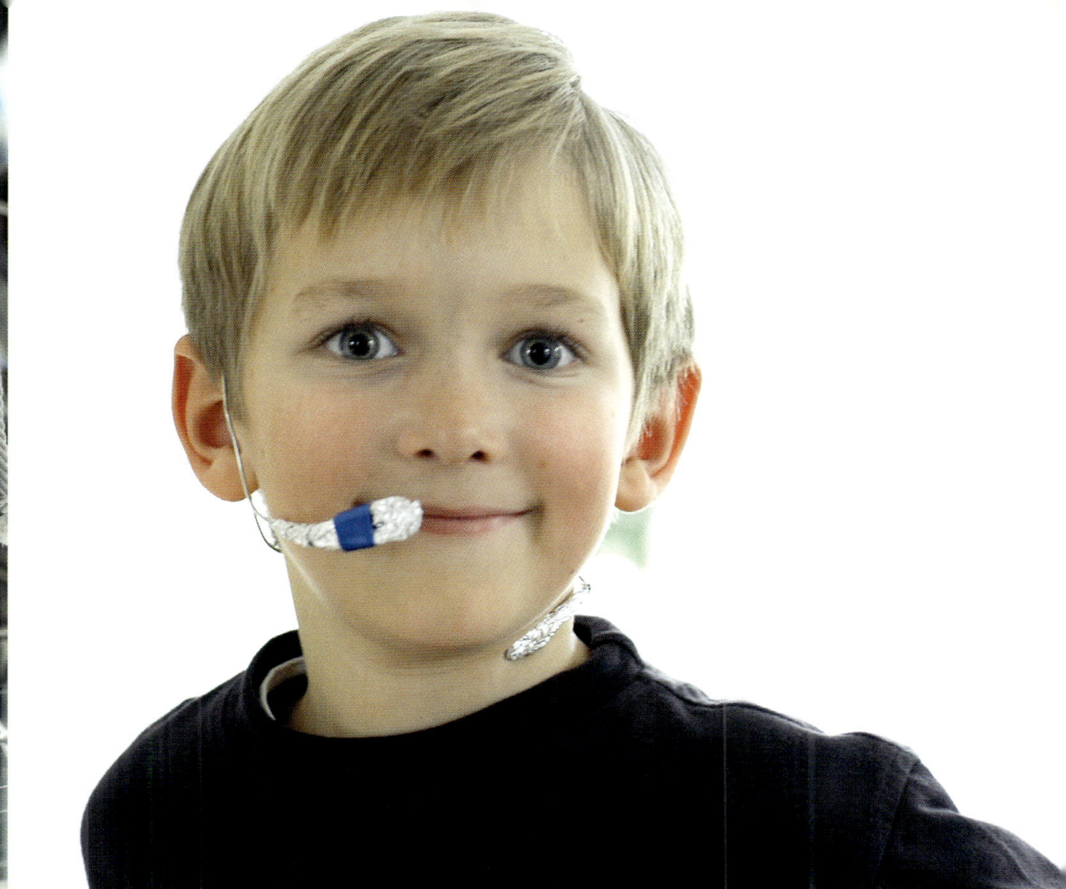

- Um den Spielverlauf zu überwachen und eingreifen zu können, spielt ein Erwachsener die Weltraum-Polizei. Er hat drei verschiedene Karten, die er beliebig verteilen darf:
  - „Man darf mir nichts wegnehmen, danach Karte zurückbringen." (Gilt nur für ein Bauteil)
  - „Asteroidensturm, 2 Minuten Pause",
  - „Eintrittskarte in ein Lager. Die Wache muss dir eine Ware geben."

Das Spiel endet, wenn ein Raumschiff startbereit ist. Dann müssen sie dem Polizisten Meldung geben, der nach Prüfung ein Signal gibt, das alle hören können. Gelingt es den Aliens bis zu einem festgelegten Zeitpunkt (nach 1-1 1/2 h) dieses zu verhindern, haben sie gewonnen.

Anleitung

HEADSET

Aus Draht biegt man eine Schlaufe, die man sich über ein Ohr ziehen kann. Das eine Ende hängt frei vorm Mund, das andere legt sich um den Hals. Die Spitzen werden mit Aluminiumfolie eingewickelt und farblich gekennzeichnet.

GESCHENKE-BECHER

Ausgewaschene Joghurtbecher mit selbstklebender Hologrammfolie bekleben. Schwarzes Krepppapier mit einem Gummi am Becher befestigen. Rand hochklappen, damit man das Gummi nicht mehr sieht. Mit Geschenken füllen und oben zubinden

Ist es nicht
die schönste Zeit,
in der wir uns Zeit
für die nehmen,
die wir lieben?

Genießen Sie die Zeit mit Ihren Kindern beim gemeinsamen Basteln.
Entdecken Sie zu allen Jahreszeiten Kreationen für kleinere und größere Kinder.
Erleben Sie wie diese über sich hinaus wachsen, wenn Sie voller Stolz ihre Kunstwerke präsentieren oder verschenken.

Anleitung

BLUMENKINDER

- Die Mittelstumpen werden aus einem Eierkarton per Hand heraus getrennt.
- Male sie weiß an und rosa Blütenblätter darauf.
- Ziehe von unten mit einer Nadel einen Faden durch die Spitze und fädel eine helle Perle auf.
- Auf diese Perle klebe eine künstliche Blüte und male ein Gesicht auf.
- Aus Lichterkettenpapier schneide zwei Flügelpaare aus (Vorlage S. 141) und klebe sie versetzt auf.

VOGELNEST

- Die Form wird aus einem Eierkarton ausgerissen und angemalt.
- Wickele Seidenbast hinein.
- Klebe drei Holzperlen als Vogelköpfe fest.
- An den Holzperlen werden aus Papier geschnittene Schnäbel festgeklebt.

Anleitung

SCHMETTERLING

- Schneide die Schmetterlingsform aus einem Eierkarton-Deckel.
- Male sie an und klebe einen schönen Stein in die Mitte.
- Klebe von hinten transparentes Papier dagegen.
- Als Fühler stecke Draht durch die Form. Durch eines dieser Löcher kannst du ihn mit einem durchsichtigen Faden aufhängen.

Sehnsüchtig erwartet die Träumerin, dass die Blumenkinder im Frühling die ersten Blüten wach küssen, die Schmetterlinge flattern und die Vögel Nachwuchs bekommen.

Anleitung

STROHHALM-BLÜTEN

- Klebe sieben Srohhalme wie auf dem Bild gezeigt zusammen.

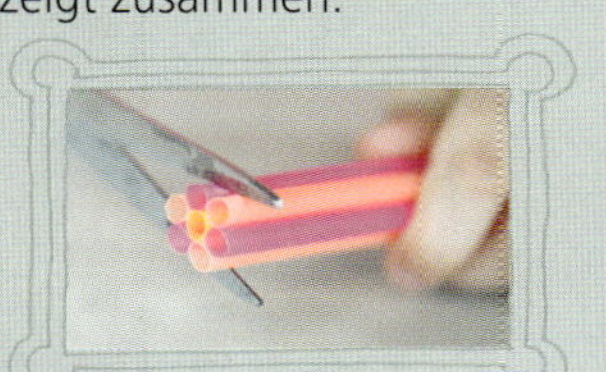

- Schneide sie nach kurzem Antrocknen in Scheiben. Dabei verschieben sich die einzelnen Blütenblätter, du musst sie wieder zurecht rücken, solange der Kleber noch nicht ganz ausgehärtet ist.

WINDLICHT

- Schneide den gelochten Streifen aus zwei Eierkarton-Deckeln aus. In einem Deckel stecken vier Seitenwände des Windlichtes. Man braucht fünf Stück.
- Grundiere die fünf Teile mit weißer Farbe und setzte weitere farbliche Akzente. Ein angeklebter Stein macht sich in der Mitte gut.
- Klebe die getrockneten Teile auf einen Streifen Lichterkettenpapier.
- Knicke es an den Kanten und klebe es von innen mit Tesafilm zusammen.
- Dann musst du nur noch ein Teelicht hineinstellen.

Anleitung

HASENKETTE

- Falte buntes Papier im Zickzack, so dass es die Breite der Osterhasen-Vorlage hat. (Vorlage S.141)
- Male die Vorlage auf und schneide sie aus. Hände und Füße müssen mit dem Rand verbunden sein.
- Bevor du die Ketten auseinander ziehst, schneide eine von oben und eine von unten bis zur Mitte hin ein.

- Ziehe die Ketten auf und stecke beide immer über Kreuz ineinander.

Da lachen ja die Hühner, wenn die Osterhasen mit den Eiern angeben. Von wem werden die Eier denn gelegt?

HÜHNER

- Schneide den Kreis, einen Kamm, zwei Füße und den Schnabel (Vorlagen S. 141) aus.
- Lege die Füße und den Kreis auf ein Stück Styropor und steche mit dem Piekser ein Loch an der markierten Stelle ein.

- Falte den Kreis zum Halbkreis.
- Schneide den Schlitz für den Kamm mit einer feinen Schere, am besten mit einer Nagelschere.
- Stecke den Kamm hinein und klebe ihn innen an, ebenso den Schnabel.
- Ziehe einen Faden durch die Löcher und verknote sie darunter wie im Bild gezeigt.

- Für die stehenden Hühner biege Draht und klebe ihn mit Tesafilm von innen fest.

„Ei"ns schöner als das andere, sind sie in der Ostereier-Werkstatt entstanden. Das hätten die Hasen nicht besser hinbekommen.

Anleitung

VERZIERTE EIER

- Die ausgeblasenen Eier lassen sich gut anmalen, wenn du sie auf einen Schaschlikspieß steckst.
- Wenn sie getrocknet sind, kannst du sie mit ausgestanzten Motiven, Locherkonfetti, Perlen oder Strass-Aufklebern bekleben.

Anleitung

HÄSCHEN-EIER

- Schneide aus passendem Papier die Köpfe aus (Vorlage S. 141) und male das Gesicht auf. Klebe sie auf die bemalten Eier.
- Forme aus Watte kleine Kugeln, die als Häschenschwanz angeklebt werden.

Kleinste Blüten kommen groß raus, wenn sie in buntem Steckmoos dekoriert werden. Dieses weiche Material vom Floristen weckt außerdem die Freude am Schnitzen.

Anleitung

MOTIVE MIT BLUMEN

- Schneide das Steckmoos in Scheiben.
- Mit einem Backförmchen steche die Formen aus.

- Lege die Motive zwei Minuten in Wasser.
- Stecke die Blumen hinein. Bei weichen Stielen müssen die Löcher mit einem Zahnstocher vorgestochen werden.
- Um die Blumen mit Perlen zu verzieren, kürze die Perlen-Stecknadeln mit einer Zange.
- Stecke die verzierten Blüten auf Schaschlikspieße oder lege sie auf Metallfolie, die kreisförmig ausgeschnitten wird. Ebenso kannst du die Motive aufhängen oder in ein Körbchen legen.

Anleitung

ANLEITUNG KROKODIL

- Mit einem Messer ein rechteckiges Stück Steckmoos zu einem Krokodilskopf schnitzen.
- Die Augen sind Stecknadeln.
- Für die Zähne schneide mit einer Zick-zack-Schere weißes Tonpapier passend zurecht.

Für einen Kuss lässt sich der Osterhase gerne von der Arbeit ablenken. Danach verteilt der lustige Geselle die letzten Ostereier, während andere von fernen Ländern träumen.

Anleitung

GIPSFIGUREN

- Rühre Gipspulver mit Wasser zu einem weichen Brei an.
- Fülle diesen in die gewünschte Backform oder in ausgewaschene Eier, die nur an einer Seite aufgebrochen wurden.
- Nach drei Stunden kann man vorsichtig den Gips aus der Form lösen. Aus den kleinen Formen lässt er sich durch leichtes Biegen auskippen. Um den Hasen aus der großen Form zu lösen, öffnet man die Klammern und kippt ihn heraus. Die Eier klopft man rund herum auf den Tisch, um die Schale zu brechen. Dann lassen sie sich pellen.

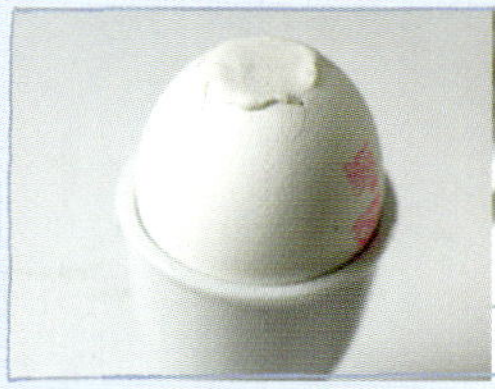

Auch mit anderen Backformen lässt sich Schönes aus Gips zaubern: Zuckerfreie Törtchen für den Kaufladen.

- Mit der rauhen Seite eines Spülschwämmchens kannst Du die Kanten und Stellflächen glätten.
- Bis der Gips vollständig ausgehärtet ist dauert es noch mehrere Stunden, aber jetzt kann schon gemalt, beklebt oder mit einem Nagel getupft werden.

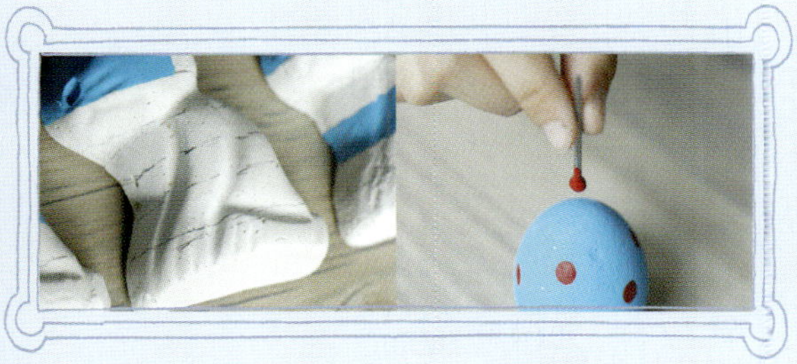

Es ist ein wertvoller Brauch, eine Woche vor Ostern, am Palmsonntag, einen Ostergarten anzulegen. Hier kann die Ostergeschichte "begriffen" werden.

Palmsonntag
Jesus reitet auf einem Esel nach Jerusalem. Die Leute werfen Palmenzweige und Blumen um ihn zu bejubeln.

Karfreitag
Aber nicht alle glauben, dass Jesus Gottes Sohn ist. Sie ärgern sich so sehr über ihn, dass sie ihn am Kreuz sterben lassen. Er wird in ein Steingrab gelegt.

Ostersonntag
Aber Jesus´ Macht ist stärker als der Tod: Er wird wieder lebendig. Grund zum Feiern!

BLUMENTOPF

- Stelle den Blumentopf in eine Plastiktüte.
- Wickel Papier um den Topf und zeichne von innen die Ränder an.
- Schneide entlang der Linien und lege den Streifen um den Topf.
- Klebe ihn hinten zusammen.
- Schneide aus Filz Herzen aus (Vorlagen auf S. 141) und klebe sie vorne auf.
- Den Rand kannst du mit Dschungelmoos verzieren.

OSTERGARTEN

- Kleide eine Holzkiste mit Folie aus, auf die das Moos gebettet wird.
- In einer Ecke wird als Hügel ein Stück Steckmoos gelegt, in das an Karfreitag das Kreuz gesteckt wird.

- Kiefernzweige und -zapfen werden Bäume und Büsche.
- Für die Stadt Jerusalem stelle mehrere Steine zusammen.
- Aus vier flachen, runden Steinen lege ein Steingrab in eine weitere Ecke.
- Für das Kreuz binde zwei Stöckchen zusammen.
- Wenn du willst, kannst du vorne „Ostergarten" aufschreiben und mit angeklebten Ästen einrahmen.

In feine Nester legt der Osterhase besonders liebe Geschenke hinein. Die Vorfreude beflügelt beim Sammeln und Verbauen von Moos und Stöckchen.

In diesen schmucken Schachteln können kleine Sammler ihre Schätze verstauen.

Anleitung

FALTSCHACHTELN

- Falte bei einem Quadrat (Vorlage S. 141) nacheinander alle Ecken aufeinander, sowohl diagonal als auch gerade.
- Alle vier Ecken werden zum Mittelpunkt gefaltet.
- Falte alle Seiten nacheinander zur Mittellinie und öffne alles.
- Zwei gegenüberliegende Ecken werden zum Mittelpunkt gelegt. Wie auf dem Foto gezeigt werden die Seiten eingeschlagen, um darüber die Seitenwand einzuklappen. Wiederhole es auf der anderen Seite.
- Die beiden Vorlagen haben verschiedene Größen. So können beide ineinander gesteckt werden.
- Auf der oberen wird mit Nadel und Faden ein Perlenknopf angebracht.

Die beiden Wuschel-Osterhasen haben ihre Ostereier immer im Gepäck und schnell versteckt.

Anleitung

WUSCHEL-OSTERHASEN

- Beklebe die Streichholzschachteln mit Tonpapier.
- Biege Pfeifenputzer in die gewünschten Formen und klebe sie mit Klebstoff auf.

Viel zu schade zum Wegwerfen sind die bunten Schalen der Ostereier. Denn sie lassen sich zu wundervollen Kunstwerken zusammenpuzzeln.

Anleitung

MOSAIK

- Sammle die Schalen gefärbter Eier farblich sortiert. Lasse sie trocknen und entferne überhängende Eihaut.

- Bereite die Unterlage vor: Schneide entweder aus Tonpapier eine Form aus oder male sie auf Papptafeln, die mit Alu- oder Goldfolie bezogen sind. (Vorlagen S. 141) Genauso gut eignen sich Bilderrahmen oder ein Ei. Bei dem Rahmen kannst du die Ecken mit weißem Tonpapier vergrößern. Das sieht toll aus.
- Arbeite dich Stück für Stück mit dem Bekleben vor: Bestreiche einen Teil mit Klebstoff und klebe Eierschalen darauf. Tipp: Wenn du ein größeres Stück Schale nimmst, kannst du es, während du es auf den Kleber drückst, in kleinere Teile zerbrechen und diese dann auseinander schieben.
- An schwierigen Stellen kannst du eine Pinzette zu Hilfe nehmen.

REZEPT

Stockbrot

400 g Weizenmehl
1 TL Trockenhefe
1 TL Salz
280 ml lauwarmes Wasser
30 g Butter
Alles gut miteinander vermischen und 1 h gehen lassen. Den Teig dünn um die Astenden wickeln und über dem Feuer backen.

Hurra, endlich Ferien! Das muss gefeiert werden. Bei einer Schatzsuche werden kleine Überraschungen gefunden. Das Basteln der Ferien-Tagebücher weckt Vorfreude auf die kommenden Wochen.

Abends werden beim Lagerfeuer mit angespitzten Ästen Stockbrot und Würstchen gegrillt, bevor man den Tag gemütlich ausklingen lässt.

Anleitung

SCHATZKISTE

- Male eine Pappschachtel silbern an.
- Schneide Streifen und Ornamente (Vorlage S. 142) aus Goldfolie aus.
- Präge mit einem Bleistift das Muster und klebe die Folie auf den getrockneten Karton.
- Lasse die Schatzkiste von deinen Eltern füllen.

Raffinierte Muster garantieren frischen Wind auf der Sonnenterrasse und in der Bastelstube. Der Spaß am Stempeln beeindruckt so manches Papier.

Anleitung

STEMPELN

- Klebe mit Doppelklebeband gebogene Pfeifenputzer auf Holzklötze.
- Verteile Farben auf einer glatten Fläche (z. B. alte Bilderrahmen) und benutze sie als Stempelkissen.
- Stempele verschiedene Muster. Bevor Du eine neue Farbe nimmst, wasche den Stempel vorsichtig aus.

FÄCHER

- Falte ein DIN A4 großes bedrucktes Papier von der langen Seite ausgehend wie eine Ziehharmonika.
- Halbiere den Streifen und klebe die beiden Hälften in der Mitte zusammen.
- Ziehe ein Band mit Perlen oder einen Ring aus Pfeifenputzer als Haltegriff unten durch.

BLÖCKCHEN

- Tackere ein paar zurechtgeschnittene Blätter zusammen.
- Klebe sie in ein bedrucktes Papier, das sich wie ein Umschlag um das Blöckchen legt.

BRIEFUMSCHLÄGE

- Übertrage die Vorlage (S. 142) auf Tonpapier und schneide sie aus.
- Falte es an den gekennzeichneten Stellen zu einem Briefumschlag und bedrucke ihn.

Mit Glückssternen lassen sich versiegelte Grüße überbringen. Füllt man sie für jeden Tag mit einer kleinen Überraschung, steht eine Ferienwoche unter einem guten Stern.

Anleitung

GEFALTETE STERNE

- Übertrage die Vorlage (S. 141) auf gewünschtes Papier und schneide sie aus.
- Falte die Spitzen zur Mitte der gegenüberliegenden Seite.
- Falte sie am markierten Mittelpunkt des Dreiecks wieder zurück, so dass die gefalteten Linien parallel zueinander sind. Du kannst dich auch nach den Hilfslinien richten.
- Falte sie wieder auf.

- Stecke die Seiten dachziegelartig ineinander.
- Nachdem du den Stern gefüllt hast, erwärme Siegelwachs über einer Kerze und streiche es in die Mitte. Drücke eine Muschel, einen Stein oder ein Siegel in das warme Wachs.

Mi
Di
Fr

Scherben bringen Glück,
wenn man mit ihnen tolle
Muster auf Steine klebt.

Anleitung

MOSAIKSTEINE

- Suche Steine und wasche sie sauber.
- Um die Fliesen zu zerkleinern, lege sie gemeinsam mit einem Stein in einen Stoffbeutel und schlage mehrmals mit dem Hammer darauf.

- Bestreiche die Steine mit Fliesenkleber und drücke die Scherben hinein.
- Nach dem Trocknen kannst du sie mit dem Fliesenkleber verfugen. Dafür verstreiche ihn auf den Scherben und wische mit einem nassen Schwamm darüber.
- Wenn er getrocknet ist, poliere die Steine mit einem trockenen Tuch, um letzte Reste der Fugenmasse zu entfernen.

Aus der Schatzkammer eines Schlosses könnten diese Schatullen stammen. Das Burgfräulein bewahrt ihren Lieblingsschmuck darin auf, der Ritter kostbare Edelsteine.

FILZ-SCHATULLEN

- Aus Filzwolle werden viele kleine Stücke gerupft.
- Wickele sie gleichmäßig und fest um einen Stein.

- Bestreiche den Stein immer wieder mit möglichst heißem Seifenwasser (3 EL Schmierseife auf 1 l Wasser) und streiche ihn in deinen Händen hin und her bis sich die Wolle leicht verfilzt. Das merkst du daran, dass sie fester wird.
- Dann massiere die Wolle um den Stein richtig fest und tauche ihn immer wieder in das Seifenwasser.
- Wiederhole alles mit einer weiteren Farbe, so bekommt die Schatzkiste außen eine andere Farbe als innen.
- Wenn alles gut verfilzt ist, wasche die Seife aus der Wolle mit klarem Wasser aus.
- Nach dem Trocknen schneide mit einem Cutter die Öffnung und hole den Stein heraus.
- Klebe einen Stein oder eine Perle mit Heißkleber oben auf und nähe Perlen an.
- Umsticke den Rand wie auf dem Foto gezeigt.

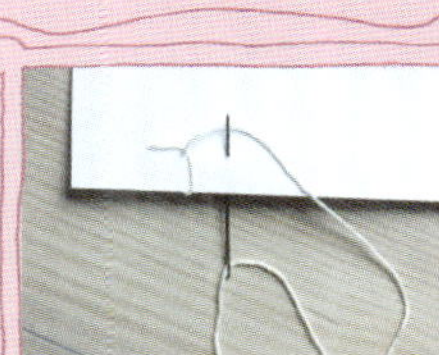

Wer liebt sie nicht, die Schmetterlinge, wenn sie mit ihren zarten Flügeln durch die Lüfte flattern? An dem Mobile lassen sie sich drinnen beobachten.

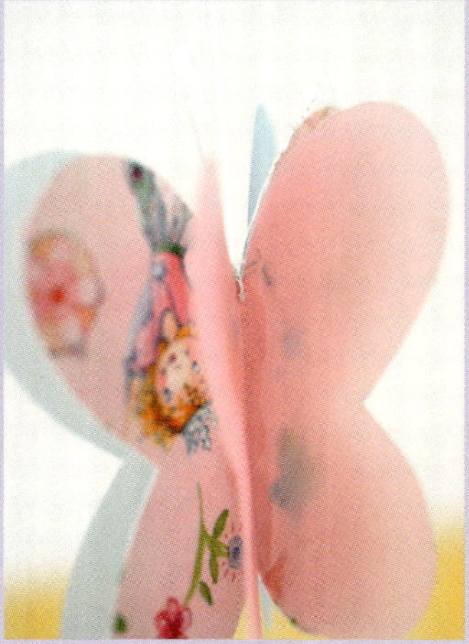

A n l e i t u n g

MOBILE

- Aus weißem Draht werden die Bögen mit einer Drahtzange gebogen.
- Klebe schönes Geschenkpapier zusammen und schneide Schmetterlinge aus. (Vorlage S. 142)
- Die gleiche Form wird zweimal aus Lichterkettenpapier ausgeschnitten und von beiden Seiten an der Mittellinie der Geschenkpapier-Schmetterlinge festgeklebt.
- Mit Nadel und Faden hänge sie an dem Drahtgestell auf.
- Für die Fühler ziehe einen Draht durch das Loch der Aufhängung und befestige Perlen an dessen Enden.

Anleitung

GLITZERSCHNECKEN

- Suche dir leere Schneckenhäuser am Feld- oder Waldrand.
- Mit verschieden farbigem Glitzerkleber tupfe einen Punkt nach dem anderen auf das Schneckenhaus.

Gesammelte Schneckenhäuser werden zu ganz besonderen Fundstücken, wenn sie mit einer Glitzerspirale bemalt werden.

Mit selbst gemachten Bommeln geht kein Fahrradschlüssel mehr verloren.

Anleitung

BOMMEL

- Schneide je zwei Ringe aus Pappe aus (Vorlage S. 142).
- Lege beide übereinander und umwickele sie mit Wolle.
- Die Wolle wird zwischen den Pappen durchgeschnitten.
- Ziehe einen Faden zwischen den Pappen entlang und knote ihn zusammen. Den Faden nicht abschneiden, sondern als Aufhängung benutzen.
- Verziere die Bommel mit Perlen oder klebe ein wildes Gesicht auf.

Nachdem man sich ein Tablett und passende Dosen verziert hat, sucht man sich damit gerne ein idyllisches Eckchen im Garten, um dort mit Leckereien ungestört Picknick zu machen.

Anleitung

TABLETT/ DOSEN

- Beklebe eine Mandarinenkiste oder Konservendosen mit verschiedenem Tonpapier. Du kannst auch buntes Briefpapier verwenden.
- Zum Schluss werden Papierherzen (Vorlage S. 142) oder Muscheln aufgeklebt.

Hast Du schon entdeckt, dass die Blütenblätter von Rosen wie Herzen aussehen? Wenn sie gepresst werden, kannst du damit vieles verzieren.

Anleitung

FLASCHENVASEN

- Schütte mit einem Trichter Sand in leere Milchflaschen.

- Fülle Wasser ein und stelle die Sonnenblumen hinein.
- Lege ein Stück Tapete oder Papier um die Flasche und binde es mit einem schönem Band fest.

DOSENVASE

- Beklebe eine Konservendose mit hellem Papier.
- Übertrage die Vorlage (S. 142) auf grünes Papier, schneide es aus und klebe es auf die Dose.

TEELICHT

- Lege die Rosenblätter zum Pressen in ein altes Buch und beschwere es eine Woche lang.
- Umwickele ein Glas mit weißem Lichterkettenpapier und klebe die gepressten Blätter auf.

Für die mitgebrachten Blüten vom Sonnenblumenfeld lassen sich ganz einfach tolle Vasen zaubern.

Königlich leuchten
die Kürbisse im Herbst.
Wenn die Tage kürzer werden,
funkeln die Murmeln
wie Edelsteine.
Einem Diamanten gleich
glänzt der Stern
vorm Abendhimmel.

Anleitung

KÜRBIS-LICHTER

- Schneide den Deckel vom Kürbis ab.
- Höhle ihn mit einem Löffel aus.
- Wenn alles fertig ist, stelle ein Teelicht hinein.

Kürbisse mit Murmeln

- Verkleinere einen Apfelgehäuse-Ausstecher mit einer Zange auf Murmelgröße.
- Bohre mit diesem Löcher in den Kürbis.
- In die Löcher werden Murmeln gesteckt.

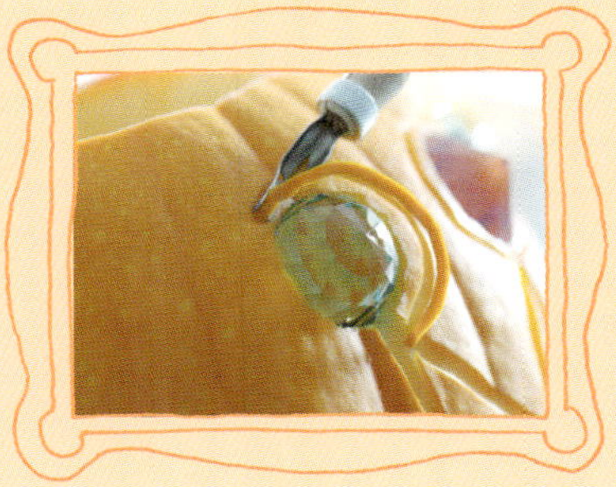

Kürbisse mit Motiven

- Male das gewünschte Motiv auf.
- Mit einem Linoleum-Messer graviere entlang der Linien.
- Stanze die Löcher Stück für Stück mit dem Linoleum-Messer aus.
- Stecke schöne Perlen in die Löcher.

Waghalsig kämpft der kleine Ritter gegen den feuerspeienden Drachen, der drohend seine gefährlichen Flügel ausbreitet. Bei so viel Tapferkeit fühlt sich die zarte Prinzessin sicher.

Anleitung

- Der Körper ist ein Drachenkürbis. Stelle ihn so hin, dass er sicher steht.
- Klebe folgendes am besten mit der Heißklebepistole an:

FÜR DEN DRACHEN

- Rosendornen auf den Rücken
- Stechpalmen- oder Mahonienblätter für Flügel (je zwei Stück) und Füße. Den Kamm wie auf dem Bild gezeigt ausschneiden.

- leicht geöffnete Beeren des Pfaffenhütchens als Augen

FÜR DEN BRAUTVOGEL

- Rosendorn als Schnabel
- pelzige Blätter (Silberwollziest) als Flügel
- getrocknete Rosenblätter als Rüschen
- kleine Trockenblümchen (Silberimortelle) als Augen
- Lavendelblätter als Füße und Haare

Hier ist viel Platz für die kleinen Waldmännchen. Sie lieben es über die Leitern Neues zu erkunden. Hinter dem Kastanienwald hat der Kleinste eine geheime Höhle entdeckt.

Bei einem Waldspaziergang findest du mit offenen Augen und etwas Glück genug Material, aus dem du das Waldmännchen-Land bauen kannst. Dabei kommen dir bestimmt viele eigene Ideen.

Anleitung

WALDMÄNNCHEN-LAND

Lege eine Etagere mit Moos aus.
Mit gesammelten Materialien kannst du sie einrichten:

- Klebe für die Männchen sehr kleine Eicheln mit Heißkleber auf Buchecker n fest.

- Mit dünnem Draht kannst du kleine Ästchen zu einer Leiter binden.

- Für die Kastanienbäume steche in einige Kastanien Löcher und stecke Ästchen rein. Um sie stabil zu platzieren, legt man Steckmoos unter die Moosabdeckung.
- Die Teller sind Eichelhütchen. Sie werden auf dem Kastanientisch festgeklebt.
- Kiefernzweige werden zu Tannenbäumchen.
- Nussschalen werden mit Moos und Federn kleine Betten.
- Von Eichhörnchen oder Mäusen aufgenagte Eicheln kannst Du als Vasen benutzen.

Anleitung

SCHMETTERLING

- Eichel mit Messer halbieren
- Gepresste Blätter und Kiefernnadeln zwischen die beiden Hälften kleben.
- Die Ränder der Blätter mit Perlen bekleben.

Mit leuchtenden Flügeln flattert der Schmetterling durch den Herbst.

Kastanien-Kunstwerk im Bilderrahmen

Anleitung

KASTANIEN-KUNSTWERK

- Untergrund schwarz anmalen.
- Muster mit nach oben und unten zeigenden Kastanien legen.
- Kastanien mit der Heißklebepistole aufkleben.
- Die hellen Seiten mit Glitzerkleber bemalen.

Anleitung

KASTANIEN-WICHTEL

- Steche in die Seiten der Kastanien Löcher und stecke einen Schaschlikspieß hinein.
- Für die Hütchen übertrage die Vorlage (S. 142) auf Stoff und schneiden sie aus.
- Klebe sie an den geraden Seiten zusammen und dann auf die Kastanien.
- Male Gesichter auf die weiße Fläche der Kastanie.

Wer hat sich denn da im Heidekraut versteckt? An den spitzen Hütchen kannst du sie erkennen: Die lustigen Kastanienwichtel

Aus lodernden Flammen sind die Drachen erwacht. Gemeinsam haben sie eine Drachenstadt gegründet. Unbekümmert schweben die Herbstblätter von den Bäumen und glitzern in der Herbstsonne.

Anleitung

Zum Pressen der Blätter lege sie ein paar Tage in ein dickes Buch und stelle etwas Schweres darauf.

GESTANZTE BLÄTTER

- Für die Motive benutze einen Stanzer.

- Klebe die Blätter mit Tesafilm-Röllchen oder Klebe-Stift auf Karten oder ins Fenster.

FENSTERKRANZ

- Lasse über die mit Sprühkleber bestäubten Blätter Glitter rieseln.
- Male mit einem Zirkel einen 2 cm breiten Ring auf Fensterfolie und schneide ihn aus.
- Klebe die Blätter darauf.

Im Herbst fallen die Blätter von den Bäumen. Doch welches Blatt gehört zu welchem Baum?

In diesen Blätter-Schatzkisten kannst du ein Baum-Memory zusammenstellen, wenn du gepresste Blätter auf die Karten klebst. Zu jedem Baum musst du die passende Frucht sammeln. Wer kann alle zuordnen?

Anleitung

SCHATZKISTEN

- Zeichne Blättermuster (Vorlagen S. 142) auf eine Holzkiste.
- Male mit Holzleim die Konturen nach.
- Jede Seite zuerst ausreichend trocknen lassen, bevor man die nächste bemalt.

- Entweder schwarz oder Gold anmalen.
- Für die schwarze Schatzkiste male mit sparsam getränktem Pinsel Gold über.
- Für die goldene Schatzkiste male die Blätter mit Glitzer-Kleber aus.
- Schneide mit einem Messer den getrockneten Kleber an der Öffnungskante durch.

Genauso kann man auch Münzen selber machen. Als Untergrund nimmt man dann Pappe.

Heute ist Kürbis-Tag!
Zuerst geht es mit dem Fahrrad aufs Feld, um Kürbisse zu kaufen.. Zu Hause wird daraus gekocht und die passende Tischdekoration gebastelt. Als verdiente Kürbis-Könige genießen wir die leckere Suppe.

Anleitung

KÜRBIS-TEELICHTER & SERVIETTENRINGE

- Ein Teelicht als Schablone für die kleinen Kürbisse benutzen.

- Mit einem Messer diesen Bereich ausschneiden. Ein Teelicht einsetzen.
- Aus gelbem Lichterketten-Papier Kronen ausschneiden und um das Teelicht stecken.
- Diese Kronen werden auch Serviettenringe, die als Namensschild dienen.

REZEPT

Kürbissuppe

500 g gewürfeltes Kürbisfleisch und
2–3 gewürfelte Kartoffeln in
2 EL Kürbiskernöl anbraten.
3/4 l Brühe dazu gießen und kochen
bis das Gemüse weich ist.
Pürieren und mit Salz, Pfeffer, Muskat
und saurer Sahne abschmecken.

In einem ausgehöhlten Kürbis serviert
schmeckt die Suppe doppelt lecker.

REZEPT

1 l Orangensaft

1 l Apfelsaft

3 Beutel Glühfix

Alles in einem Topf erwärmen. Glühfix-Beutel 10–30 min (je nach Geschmack) ziehen lassen.

Jedes Jahr freut man sich wieder auf das Punsch-Trinken nach dem Laterne laufen.
Bei farbenfroher Beleuchtung hat man sich schnell aufgewärmt.

Anleitung

TISCHLATERNEN

- Schneide ein Rechteck (13 x 11 cm) aus einfarbigem Lichterketten-Papier aus.
- Falte es einmal in der Mitte zusammen und schneide wie auf dem Foto gezeigt Streifen ein. Mit Zickzack-Scheren ergibt sich ein toller Effekt.

- Das Papier wird aufgeklappt und mit Tesafilm zusammengeklebt.
- Stülpe sie über ein Teelicht. Achtung: Alle Zacken müssen nach außen stehen, damit sie nicht Feuer fangen!
- Aus Filz schneidet man die runden Untersetzer für Tassen und Teelichter aus.
  Für die inneren benutzt man eine Zickzack-Schere.

Der Advent wird eingeläutet. Mit weißen Glöckchen und karierten Stoffmotiven wird es bestimmt ein fröhliches Warten. Beim Basteln vergeht die Zeit bis Heilig Abend im Nu.

Anleitung

STOFFMOTIVE

- Male ein Motiv auf dünnen Stoff (Vorlagen S. 143)
- Male die Linie mit Klebstoff nach. Dabei spare an einer Stelle 2-3 cm aus, um später die Watte dort hinein zu stecken.
- Lege eine weitere Stoffschicht darauf und drücke sie leicht an.
- Nach dem Trocknen schneide die Motive aus.
- Fülle sie mit Watte und klebe sie zu.

Anleitung

TEELICHT

- Fertige aus rotem Lichterkettenpapier eine Manschette an, die hinten zusammengeklebt wird.
- Mit einer Lochzange stanze kleine Löcher in den oberen Rand.
- In diese binde Schleifen mit weiß bemalten Glöckchen.

Anleitung

FELLSTIEFEL

- Lege ein Stück Fellstoff um einen Blumentopf und stecke ihn hinten mit Nadeln zusammen.
- Klebe die kleinen Stoffmotive vorne fest.

In diesen Fellstiefeln haben die Tannenbäumchen warme Füße.

Wer hat die Herztütchen mit Süßem gefüllt? War es der Nikolaus oder der kleine Engel?
Auf alle Fälle haben ein paar Weihnachtsmäuse davon stibitzt.

Anleitung

STÄBCHENFIGUREN

- Male ca. 8 cm lange Rundhölzer (ø ca. 1,2 cm) weiß an.
  Tipp: Manche Bilderrahmen haben solche Stäbchen, um aufgestellt werden zu können.
- Male ein Gesicht auf.
- Beklebe sie mit Flügeln und Engelshaar oder mit Wattebart und Nikolausmütze. (Vorlagen S.143)

WEIHNACHTSMÄUSE

- Male die Vorlage (S. 143) auf das Papier.
- Nach dem Ausschneiden klebe die Maus von innen mit Tesafilm zusammen.
- Klebe sie mit Klebstoff auf eine kleine Weihnachtsbaumkugel.

- Für den Schwanz schneide einen dünnen Streifen aus. Biege ihn, indem Du ihn über Deinen Fingernagel ziehst und klebe ihn an.
- Klebe kleine Kreise in die Ohren und male Augen auf.

Anleitung

HERZTÜTEN

- Male die Vorlage (S.143) auf das Papier und schneide die Form aus.

- Falte die Form entlang der Linien und klebe sie an der Seite und an den Henkeln mit Klebstoff zusammen.
- Mit Süßem gefüllt werden sie an die Ästchen der Girlande gehängt.

Tipp: Eignet sich auch als Adventskalender.

GIRLANDE

- Klebe mit der Heißklebepistole kleine Tannenzweige auf ein Band. Dieses kannst Du mit Klebehaken an einer Tür befestigen.

Da leuchten Kinderaugen. Nicht nur beim gebannten Betrachten der Flamme, sondern schon beim Herstellen und Gestalten der Kerzen. Und natürlich beim Verschenken der Kunstwerke.

Anleitung

BACKFÖRMCHEN-KERZEN

- Schmelze in einem Topf Kerzenreste und gieße sie in kleine Backförmchen.
- Klemme die Dochte mit einer Zange in die Halterung und stelle sie in das flüssige Wachs. Damit die Dochte nicht umkippen lehne sie an einen Schaschlikspieß.

- Klebe die Kerze und verschiedene Dekomaterialien auf ein Minitablett aus einem angemalten Bilderrahmen, in den Stoff gespannt ist.
- Mit Malwachs und Wachsplatten können die Kerzen verziert werden.

Anleitung

STABKERZEN MIT STERNEN

- Schneide aus Wachsplatten Sterne aus (Vorlage S. 143).
- Befestige sie mit bunten Stecknadeln, die vorher mit einer Zange gekürzt wurden.

KERZENSCHALE

- Bette eine Schale mit Steckmoos aus und lege Moos darüber.
- Schneide aus Wachsplatten Sterne mit Loch (Vorlage S. 143) aus und stecke die Kerzen hinein.

- Stecke unten in die Kerzen einen dünnen Nagel hinein und fixiere sie so im Steckmoos.

Im Winter ist Spielezeit. Damit das keiner vergisst, wird mit rot-weißen Würfeln geschmückt. Sie passen auch ausgezeichnet zum roten Weihnachtsschmuck.

Anleitung

WÜRFEL-GIRLANDE

- Lege zwei Stoffe mit den rechten Seiten aufeinander und darunter ein Wattevlies.
- Male ein 10 cm großes Quadrat (S. 143) auf und nähe alle drei Lagen entlang der Linie zusammen. An einer Seite muss eine ca. 3 cm große Öffnung zum Wenden gelassen werden.

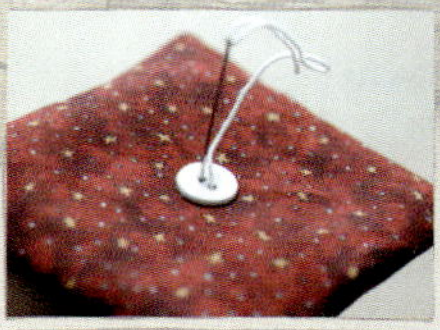

- Schneide die Ecken schräg ab und wende das Ganze.
- Nähe Wäscheknöpfe wie Würfelaugen fest.
- Mit einem Piekser werden in die Ecken Löcher gestochen, um die Würfel auf eine Kordel aufziehen zu können.
- Klebe Äpfelchen und Tannenzweige mit der Heißklebepistole zwischen die Würfel.

Anleitung

TANNENBAUMSCHMUCK

Mit Heißkleber werden die Würfel in das Bäumchen geklebt. Die roten Punkte werden mit einem Pinsel auf weiße Tannenbaumkugeln getupft.

Anleitung

DUFT-ORANGEN

- Male Muster auf Orangen.
- Schneide mit einem Linoleum-Schneider auf der gemalten Linie die Schale aus. (s. S. 105).
- Nadeln mit Perlenkopf werden hineingesteckt.

Verschenke doch mal eine Portion Weihnachtsduft. Der Geruch von Orangenschalen, Anissternen, Nelken und Zimtstangen bringt Weihnachtsstimmung.

Mit viel Geschick kannst du tolle Muster in die Orangen schneiden. Mit Perlen besteckt ziehen sie die Blicke auf sich.

DUFT-GIRLANDE

Mit der Heißklebepistole werden Zimtstangen und Anissterne an eine künstliche Tannengirlande geklebt. Orangenschalen werden darüber gelegt.

Vom Schrank funkeln selbstklebende Sterne auf Walnüssen.

Selbstgemachte Magnete lassen sich ideal in einem Backförmchen verschenken. Dieses glänzt auch als Bilderrahmen.

Anleitung

MAGNETE

- Klebe mit Doppelklebeband Filz auf Magnetfolie.
- Male Motive (S. 143) auf und schneide sie aus.

BACKFÖRMCHEN

- Klebe Draht mit Beeren und künstlicher Tannengirlande in den Rand des Backförmchens.
- Klebe zum Aufhängen hinten eine Schlaufe an.

Mit Weihnachtsgrüßen starten die Raketen in den Weltraum.

Anleitung

RAKETEN

- Übertrage die Vorlage (S.143) auf Tonpapier, schneide sie aus und klebe sie zu einem Kegel zusammen.
- Kegel werden auf das freie Ende eines Tannenzweiges geklebt.
- Schneide Transparentpapier und Tonpapier wie im Bild gezeigt ein und klebe sie zusammengerollt ans andere Ende des Tannenzweiges.

TANNENBÄUMCHEN

- Befreie das vordere Ende eines Kiefernzweiges von Nadeln und stecke es in ein Stück Knete.
- Bestreiche die Spitzen der Nadeln mit Klebstoff und stecke verschiedene Perlen auf.
- Das ganze wird in einen rot bemalten Miniblumentopf gesteckt und mit Moos abgedeckt

Heute wird der Tannenbaum fürs Puppenhaus geschmückt. So kann dort schon mal Weihnachten gefeiert werden.

Anleitung

MOTIVLICHTER

- Umkleide Gläser mit weißem Lichterkettenpapier.
- Fotos werden auf transparente Folie kopiert.
- Aus der kopierten Folie und aus Transparentpapier stanze Sterne mit einem Stanzer aus.
- Oder rahme die kopierten Fotos mit ausgeschnittenem Papier oder Filz ein (Vorlage S. 143).
- Klebe die Motive auf die Lichter.

Die Stars der Weihnachtszeit verbreiten Stimmung. Durch die Kerzen strahlen Gesichter, die auf Folie kopiert wurden.

Leise rieselt der Schnee über den Tisch mit glitzernden Eiskristallen. Manche bleiben sanft in den kahlen Ästen hängen. Andere legen sich wie eine Decke über den Tisch. Auch wenn der Schnee noch auf sich warten lässt, kann man schon mal einen Schneemann bauen.

Anleitung

SCHNEEMANN

- Schneide je zwei Ringe aus Pappe aus (Vorlage S. 143), lege sie übereinander und umwickele sie mit flauschiger Wolle.
- Schneide die Wolle zwischen den Pappen durch.
- Ziehe einen Faden zwischen den Pappen entlang und knote ihn zusammen. Der Faden wird nicht abgeschnitten, sondern an einen zweiten Bommel geknotet.
- Mit Birken-Ästchen und -Blütenknospe gestalte Gesicht und Arme.

SCHNEEKRISTALLE

- Schneide aus einem DIN A4 und einem DIN A5-Blatt jeweils ein Quadrat (21 x 21 cm; 14,7 x 14,7 cm)
- Falte es und übertrage die Vorlage von S. 143 wie auf dem Foto gezeigt.
- Schneide das Muster aus und klappe die Schneeflocke auf.
- Bestäube sie mit Sprühkleber und lasse Glitter darüber rieseln.

Mit stimmungsvollen Schneelaternen bringt man Winterzauber in den Garten. Sie werden aus Schneebällen gestapelt oder wie eine Sandburg gebaut.

Literaturempfehlung

Wenn Sie einen Tag oder ein Ereignis unter ein bestimmtes Motto stellen, schaffen Sie bleibende Erinnerungen. Spiele und thematisch passende Bücher sind dabei eine hervorragende Ergänzung zu den Dekoideen. So erleben Kinder das Basteln viel intensiver und haben mehr Freude daran. Einige passende Bücher werden hier vorgestellt:

Seite	Thema	Buchtipp
29	Aufräumen	Mama Muh räumt auf (Oettinger)
22-31,130	Weltraum/Planeten/Ufos/ Raketen	Der Weltraum (Xenos); Das Weltall, Am Himmel und im Weltall (Meyers kleine Kinderbibliothek)
35	Flaggen	Tessloffs Sticker-Atlas Flaggen (Tessloff)
36	Uhr/Zeit	Felix, wie spät ist es? (Coppenrath Verlag)
42/43	Detektive	Kommissar Kugelblitz (Schneider Buch); Der kleine Kommissar ungelöst (TBV junior); Klarer Fall?! (dtv junior)
42/43	Tierfreunde	Kleines Wunder im Wald (Kerle bei Herder)
44/45	Piraten	Schätze und Wracks Licht an (Meyers kleine Kinderbibliothek); Piraten, Das will ich wissen (Arena); Tom und Lea Abenteuer auf dem Meer (Gerstenberg)
46	Indianer	Die Indianer (Meyers kleine Kinderbibliothek); Indianer, Das will ich wissen (Arena)
48/49	Gärtnern	Linnea und die schnellste Bohne der Stadt (Bertelsmann)
56/57	Käfergeburtstag	Prinzessin Lillifee (Coppenrath)
64/65	Wilder Fußballgeburtstag	Die wilden Fußballkerle (Baumhaus Verlag)
72/73	Frühling	Ich weck dich, wenn der Frühling kommt (Brunnen)
74/75	Hasen/Hühner	Hasen oder Hühner? Das große Eierduell (ars edition)
76/77	Ostereierwerkstatt	Das Osterhasen-Wunderkind (Coppenrath); Karotte und der Osterhase (Pattloch)
78	Krokodil	Cornelius (Beltz& Gelberg)
80, 81, 85	Osterhasen	Die Häschenschule (Alfred Hahn´s Verlag)
82	Ostergarten	Die total bunte Bibel für Kids (R. Brockhaus)
98/110	Schmetterlinge	Die kleine Raupe, die kein Schmetterling werden wollte (Pattloch)
100	Wilder Bommel	Die wilden Fußballkerle (Baumhaus Verlag)
102/103	Blumen	Die Blume (Meyers kleine Kinderbibliothek)
106/107	Drachen/Ritter/Prinzessin Der kleine Hobbit (dtv)	Dornröschen (Pixi); Expedition in die geheime Welt der Drachen (ars edition);
108/109	Waldmännchen	Im Wald (Ensslin)
111	Wichtel	Im Lande der Wichtel (Titania-Verlag)
118/119	Laterne laufen	Ich geh mit meiner Laterne (ars edition)
120	Adventskranz/Weihnachtszeit	Wunder, Wunder Weihnachtszeit (ars edition)
122/123	Weihnachtsmäuse	Die Weihnachtsmaus (Oetinger)
131	Minitannenbaum	Ein kleines Stück vom Glück (Fischer Schatzinsel)
134/135	Schnee	Das Geheimnis im Winterwald (Kerle bei Herder)

Haftungsausschluß

Wir weisen noch einmal ausdrücklich darauf hin, Kinder nur beaufsichtigt mit Werkzeugen und Feuer hantieren zu lassen.

Deko Liebe 2
VORLAGEN

Die Vorlagen überträgt man auf den gewünschten Untergrund, indem man sie mit Butterbrot- oder Architektenpapier abpaust, ausschneidet und die Umrisse nachzeichnet. Wenn man sich das Abpausen sparen will, kann man sie auch kopieren oder unter www.dekoliebe.de abrufen und ausdrucken. Mit untergelegtem Kohlepapier lassen sich die Vorlagen durch Nachzeichnen direkt auf das gewünschte Material übertragen.

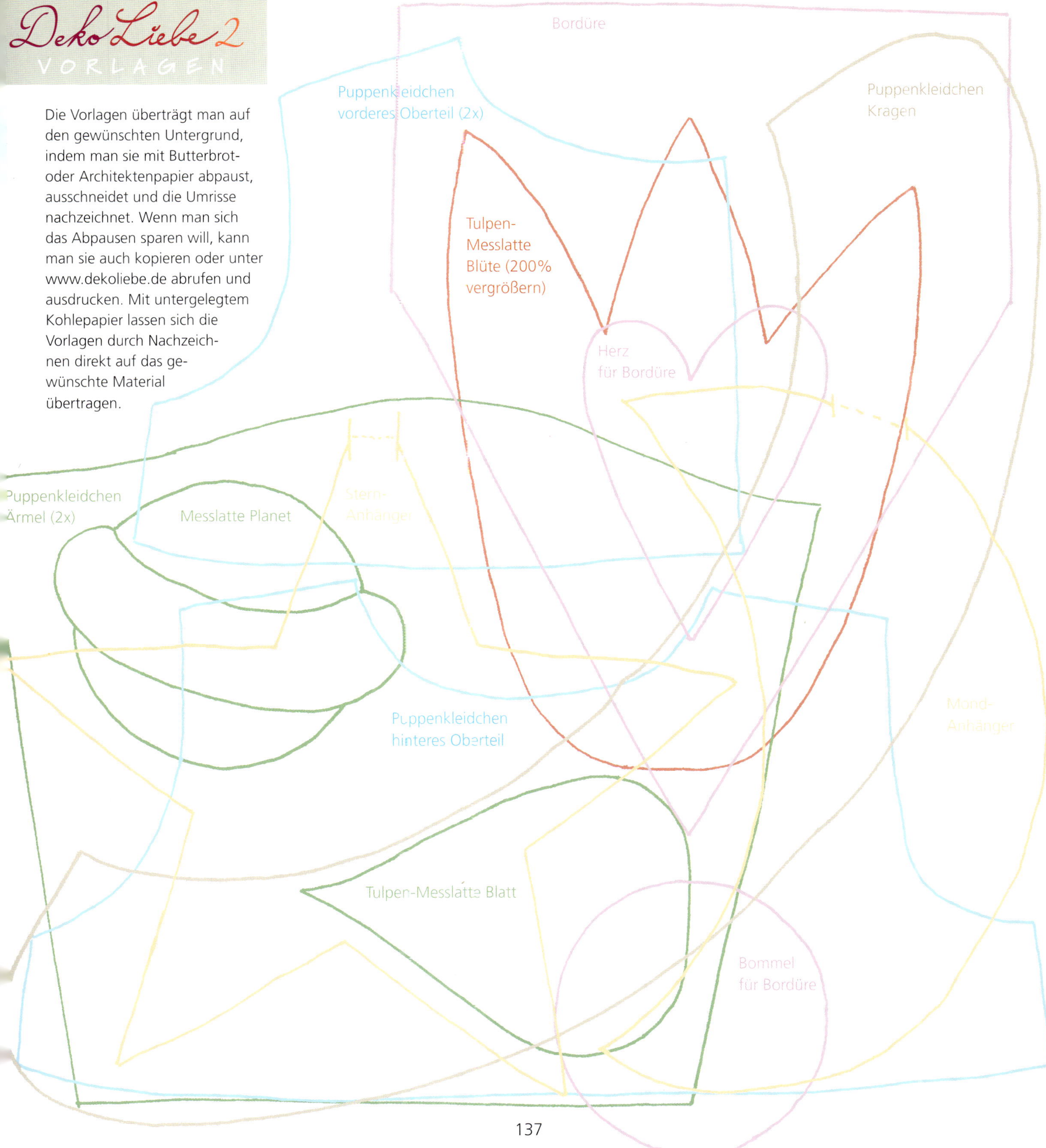

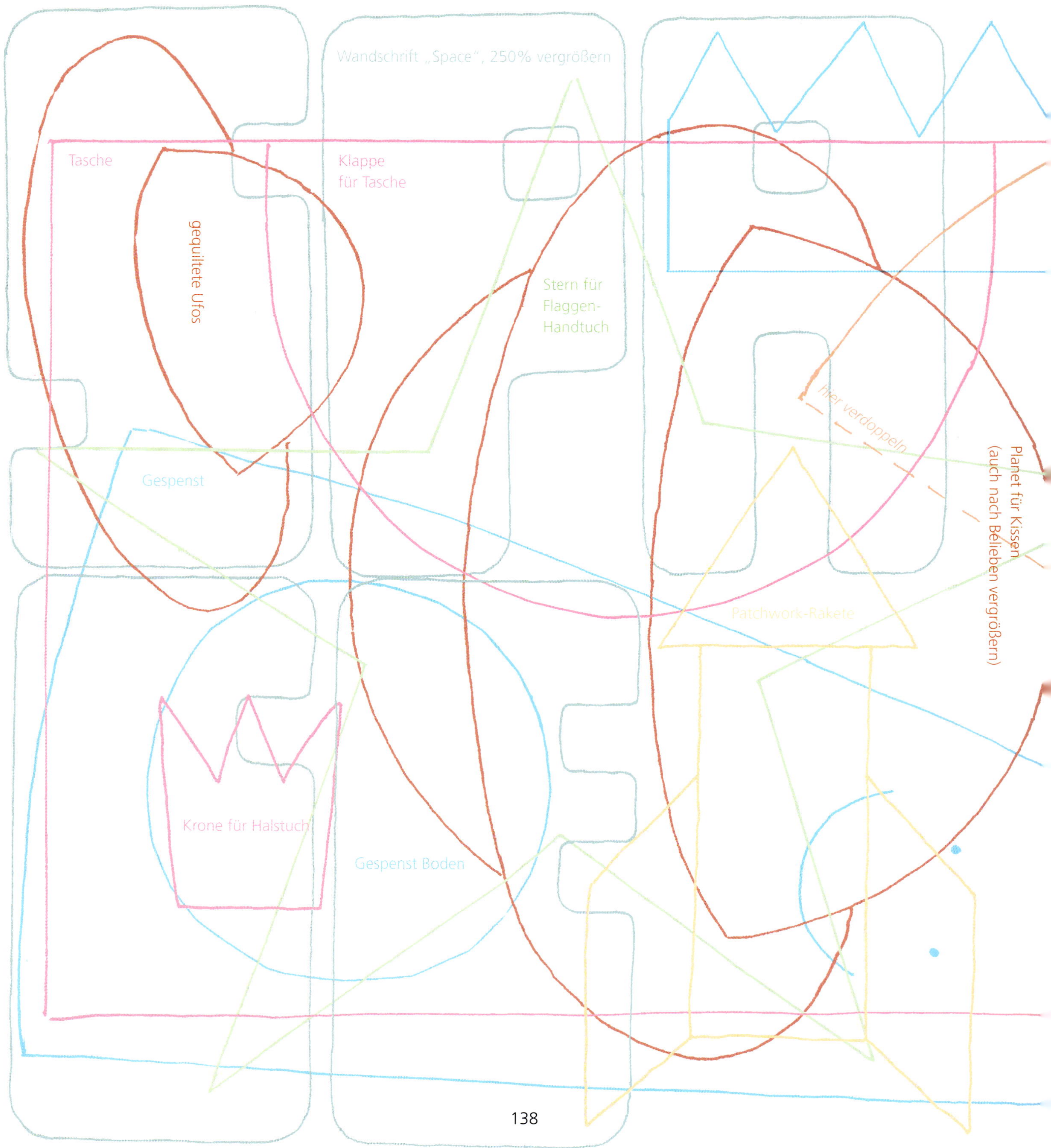
Wandschrift „Space“, 250% vergrößern
Tasche
Klappe für Tasche
gequiltete Ufos
Stern für Flaggen-Handtuch
hier verdoppeln
Planet für Kissen (auch nach Belieben vergrößern)
Gespenst
Patchwork-Rakete
Krone für Halstuch
Gespenst Boden

Streifen für Käferballons
(200 % vergrößern)
Zähne für
Drachenballons
Einladungskarte
Sternchengeburtstag
Blüte für
Blumenmädchen
Blüte für
Blumenmädchen
Blüte für
Blumendose
Einladung
Blüte für
Einladung
Blumen-
geburtstag
Blüte für Blumenmädchen
Briefumschlag für
Käfergeburtstag-Einladung
Blüte für
Blumendose
Stern für
Standlaternen
Blüte für
Blumendose
Filzkäfer
Gesicht für
Käferballon

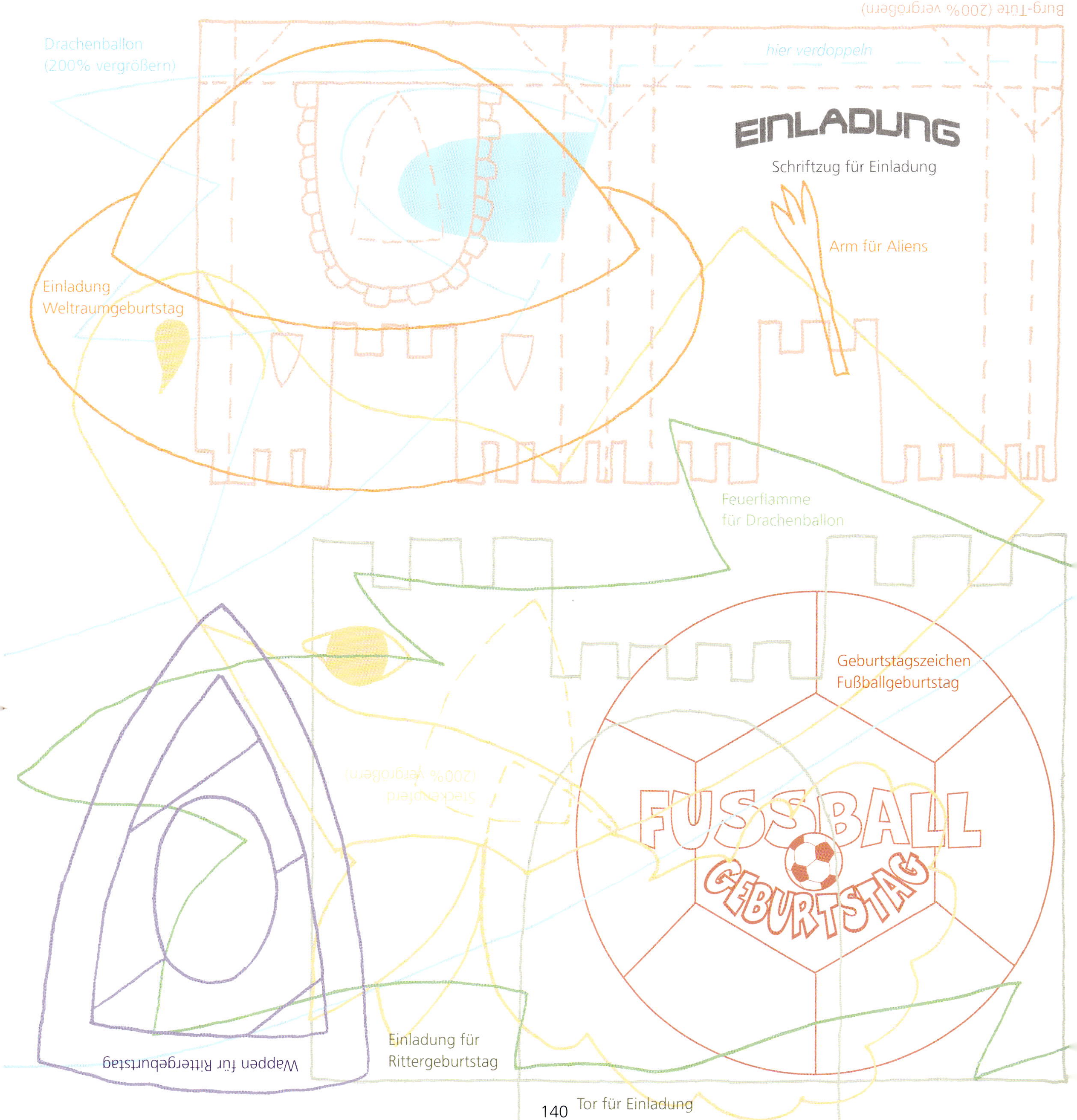
Burg-Tüte (200% vergrößern)
Drachenballon
(200% vergrößern)
hier verdoppeln
EINLADUNG
Schriftzug für Einladung
Arm für Aliens
Einladung
Weltraumgeburtstag
Feuerflamme
für Drachenballon
Steckenpferd
(200% vergrößern)
Geburtstagszeichen
Fußballgeburtstag
FUSSBALL
GEBURTSTAG
Wappen für Rittergeburtstag
Einladung für
Rittergeburtstag
Tor für Einladung

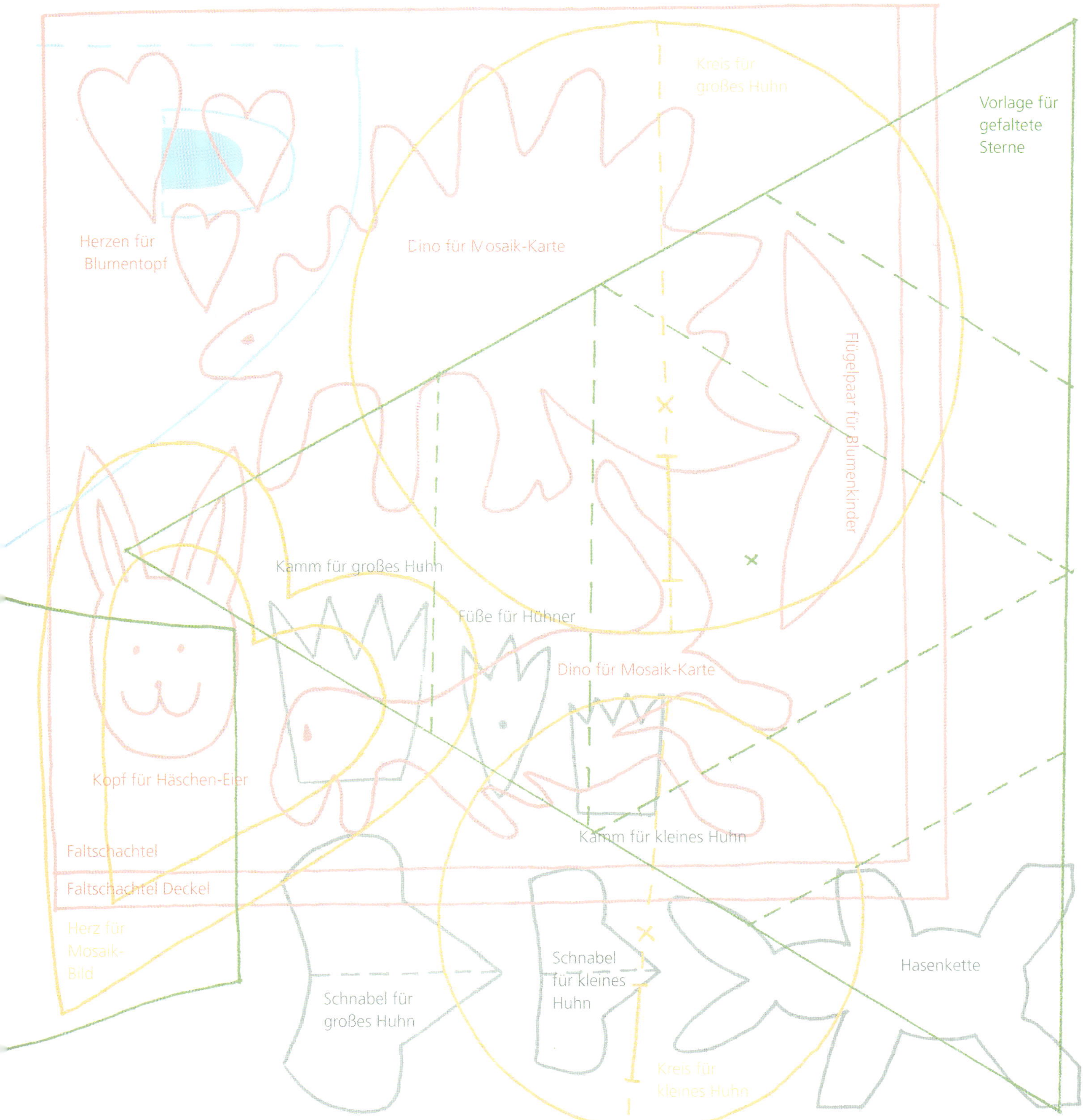
Herzen für
Blumentopf
Dino für Mosaik-Karte
Kreis für
großes Huhn
Vorlage für
gefaltete
Sterne
Flügelpaar für Blumenkinder
Kamm für großes Huhn
Füße für Hühner
Dino für Mosaik-Karte
Kopf für Häschen-Eier
Kamm für kleines Huhn
Faltschachtel
Faltschachtel Deckel
Herz für
Mosaik-
Bild
Schnabel
für kleines
Huhn
Hasenkette
Schnabel für
großes Huhn
Kreis für
kleines Huhn

Ornament für Schatzkiste
Briefumschlag
Stiel für Dosenvase
Hut für Kastanienwichtel
Blatt für Schatzkiste
Blatt für Schatzkiste
Ring für Bommel
Herz für Dose
Ring für Bommel
Blatt für Schatzkiste
Blatt für Schatzkiste
Schmetterling
Blatt für Schatzkiste
Blatt für Schatzkiste
Ring für Bommel
Blatt für Schatzkiste
Blatt für Schatzkistenecke
Ring für Bommel
Blatt für Schatzkiste

Würfel-Girlande
Sternrahmen für Motivlichter
Stoffmotiv Stern
Stoffmotiv Rentier
Schneekristall
Nikolausmütze für Stäbchenfigur und Spitze für Rakete
Stoffmotiv Tannenbaum
Weihnachtsmaus
Stoffmotiv Herz
Bommel für Schneemannkörper
Schneekristall
Engelsflügel für Stäbchenfigur
Herzrahmen für Motivlichter
Tannenbaum-Magnet
Herz-Magnet
Weihnachtsbaumkugel für Motivlichter
Stern für Kerzenschale
Stern für Stabkerzen
Bommel für Schneemannkopf
Herztüte

Danke

Finn und Lynn, ihr seid die Hauptpersonen dieses Buches. Es macht Spaß, gemeinsam mit euch vieles auszuprobieren, mich von euch beraten und loben zu lassen. Ihr habt geduldig bei den Fotos mitgemacht und auch zeitweise auf mich verzichten müssen. Das alles habt ihr vorbildlich gemeistert und ich bin so stolz auf euch.

Olaf für die liebevolle Gestaltung, so ist jede Seite zu einem Kunstwerk geworden. Du bist einfach der beste Grafik-Designer! Und natürlich ein großer Dank für alle praktischen und fotografischen Hilfen. Ohne dein Mittragen hätte es DekoLiebe 2 nicht gegeben.

Nina, Juli, Rike, Cellina, Inga Lene, Anne Lotte, Lucia, Fabi, Matthias, Moritz, Sven, Nils, Peer, Bent, Timo, Jonas, Luisa, Luca K., Julius, Lorenz, Emilia, Joshua, Niklas, Hannah, Phillip, Milena, Christopher, Julian, Bjarne, Jan, Jörn, Luca D., Simon, Tim, Luca F., Naemi, Louisa, Alissa, Jana, Elena, Lara und Alisa, dass ihr bei den Fotos mitgemacht habt und damit das Buch bereichert. Auch euch Eltern ein Dankeschön für Eure Genehmigung dazu.

Martin Geilfus, dass Du mit mir alle Texte durchgearbeitet hast. Sie haben jetzt einfach Stil. Es freut mich, dass ein so begabter Nachwuchs-Literaturwissenschaftler zu meinem Textberater geworden ist. Danke auch für die Idee der Literaturempfehlungs-Liste. Sie ist eine echte Bereicherung für DekoLiebe 2.

Frau Herbst und den Mitarbeitern von Lifestyle by Busse und Seewald für die vorbildliche Betreuung und den Mut, DekoLiebe 2 heraus zu geben.

Herr Heidt für die tolle Idee mit den Gipshasen von S. 80/81. Ihnen und ihrer gesamten Redaktion von Lisa Wohnen und Dekorieren auch ein herzliches Dankeschön für all die Unterstützung und die Veröffentlichungen in ihrer Zeitschrift.

Simone Junker und Mitarbeiter der Patchworkstatt für die nette Unterstützung und für die Werbung, die Du für DekoLiebe machst.

Frau Frai, nur durch ihre Dienste bei uns im Haushalt war es möglich, so schnell ein weiteres Buch umzusetzen.

an media shots, dass ihr uns scheinbar verlorene Foto-Daten gerettet habt. Da fiel uns jedes mal ein großer Stein vom Herzen.

Wolfgang Schuster und Mitarbeiter für die gelungene Umsetzung der Fühlwegschnecke von S. 46/47. Euer Können habt ihr immer wieder in unserem Garten erfolgreich bewiesen.

Schreinerei Petry für die gelungene Ausführung des Ufos von S. 22/23 und des Regals von S. 28.

SKV-Verlag für das Abklären der Rechte zweier Zitate, die in dem Buch „Für Eltern und Kind" erschienen sind.

an alle, die mich mit lobenden Worten motiviert haben und mich auf ganz unterschiedliche Art unterstützt haben.

Gott, letztendlich gehört dir der größte Dank, denn was wäre und könnte ich ohne dich?